LES LIVRES DE VOTRE BIEN-ETRE

K. Losi

REIKI

qu'est-ce que le Reiki, comment agit-il et comment le recevoir
les trois degrés et les traitements correspondants
les méthodes pour équilibrer les chakra
les thérapies naturelles associables au Reiki

ÉDITIONS DE VECCHI S.A.
20, rue de la Trémoille
75008 PARIS

AVERTISSEMENT

Bien que cet ouvrage traite le thème de la guérison naturelle et spirituelle, les techniques qu'il contient et décrit ne doivent en aucune façon être considérées comme pouvant remplacer un traitement médical normal, mais comme lui étant complémentaires.
Ces techniques et instructions proviennent d'une tradition antique de médecine naturelle et elles ont été transmises par l'auteur au mieux de ses compétences dans un simple but d'information. En conséquence, l'auteur et l'éditeur ne peuvent être tenus responsables des problèmes qui pourraient survenir suite à l'application de ce qui est décrit dans ce texte.
Face à n'importe quel type de pathologie, on conseille de s'adresser à un médecin, car les techniques décrites dans cet ouvrage ne doivent pas être interprétées ni utilisées sous l'angle de moyens de diagnostic et de soins de situations pathologiques.

Malgré l'attention portée à la rédaction de cet ouvrage, l'auteur ou son éditeur ne peuvent assumer une quelconque responsabilité du fait des informations proposées (formules, recettes, techniques, etc.) dans le texte.
Il est conseillé, selon les problèmes spécifiques – et souvent uniques – de chaque lecteur, de prendre l'avis de personnes qualifiées pour obtenir les renseignements les plus complets, les plus précis et les plus actuels possible.

À ma mère

Les photos de couverture et de l'intérieur sont de M. Giberti

Les dessins sont de M. Ameli

Traduction : Nathalie Rossi

Table des matières

Introduction

Lorsqu'on m'a demandé d'écrire ce livre sur le Reiki, j'ai pensé que je pourrais raconter ce que j'avais appris sur le terrain ces dernières années et j'ai donc essayé de répondre aux doutes que j'avais d'abord connus et aux questions que les gens me posent en général durant les séminaires.
En réalité, je me sens redevable au Reiki qui continue à m'apprendre tous les jours l'infinie beauté de la vie, avec la force et la douceur de la simplicité.

L'invitation du Reiki est :
« **Laisse-toi aimer** »
afin que tu te concèdes au Divin
et à sa soif d'âmes.

Le cadeau que tu obtiens
en retour
est le fait de pouvoir dire
« **Je veux aimer** »,
afin que tu découvres
ta nostalgie du Sacré
et ta soif de Dieu.

Le Reiki des origines à nos jours

L'HISTOIRE

La légende raconte que le Reiki a été redécouvert, à la moitié du siècle dernier, par le moine chrétien japonais Mikao Usui, recteur de l'Université Doshisha de Kyoto, au Japon. Les questions de l'un de ses étudiants à propos des guérisons miraculeuses opérées par Jésus le poussèrent à des recherches infatigables, pendant dix ans, qui le conduisirent aux États-Unis, à l'Université de Chicago, en Inde septentrionale et enfin de nouveau au Japon. Ce fut justement au cours d'une retraite dans un monastère Zen, aux environs de Kyoto, que Usui retrouva certains Sûtras bouddhistes : ils décrivaient en sanscrit la formule et les symboles de guérison du Bouddha. Afin d'acquérir le pouvoir de les utiliser, Usui se rendit sur la montagne sacrée de Kurayama, où il resta 21 jours à méditer et à réciter des mantra, en jeûnant complètement. À l'aube du dernier jour, un faisceau de lumière le frappa au Troisième Œil (voir page 16) et l'assomma ; lorsqu'il reprit connaissance, il vit des myriades de bulles colorées et, dans une grande lumière blanche, les symboles du Reiki. À partir de ce moment, il sut comment utiliser cette Énergie. Il travailla parmi les mendiants des ghettos pendant sept ans, puis partit en pèlerinage, une torche à la main, sur les routes du Japon, enseignant l'art de la guérison. Il mourut à Kyoto, où l'on trouve une stèle célébrant son souvenir.

Une centaine d'années seulement sont passées depuis, mais il paraît impossible d'avoir une confirmation historique à ce récit, répété à l'unisson dans toutes les parties du monde.

Il semble que Mikao Usui n'ait jamais existé. Le *master* (maître) William Lee Rand écrit n'avoir jamais trouvé trace de son existence, ni à l'Université de Chicago, ni à celle de Kyoto. D'autres maîtres, y compris européens, confirment les recherches vaines au Japon et commencent à prendre leurs distances avec cette histoire, bien que l'ayant divulguée des années auparavant, en soulignant son aspect purement symbolique. En effet, en japonais « Ussui » est le terme définissant le moine itinérant qui vagabonde avec sa lumière, à la recherche de la vérité.

La théorie la plus crédible voit le Reiki comme une très ancienne méthode de guérison, née dans un milieu shintoïste : le mélange s'étant produit au cours du Ve siècle de notre ère, entre le shintoïsme et le bouddhisme Zen, expliquerait entre autres l'usage de certains symboles déjà connus dans des contextes tibétains, ainsi que certains détails de la légende. Survivant durant des siècles dans des cercles mystiques et ésotériques orientaux, ou dans le silence de quelque monastère, il a finalement été décidé de divulguer le Reiki en utilisant une histoire « tranquillisante ».

La diffusion du Reiki apporte quelques autres certitudes. D'après Hawayo Takata, Usui forma 18 maîtres. En 1925 on désigna comme chef **Chujiro Hayashi**, officier de Marine à la retraite, qui initia à son tour 16 maîtres. Hayashi fonda la clinique Shina No Machi à Tokyo afin de soigner par le Reiki et la dirigea jusqu'en 1941 (la clinique fut détruite ou confisquée durant la guerre).

En 1935, **Hawayo Takata** revint des îles Hawaï, en très mauvaise condition physique. Entièrement rétablie grâce aux thérapies Reiki, elle souhaita rester à la clinique afin de recevoir le training. Elle fut ordonnée maî-

tresse en février 1939. Repartie aux îles Hawaï, elle y fonda deux cliniques et à la mort de Hayashi, en 1941, elle lui succéda à la tête du Reiki.
Elle mourut le 11 décembre 1980, après avoir divulgué le Reiki au Canada, aux États-Unis, en Europe, et avoir formé 22 maîtres.
Deux d'entre eux, **Lee Furumoto** et **Barbara Weber Ray**, donnèrent naissance à deux associations, appelées respectivement Alliance Reiki et American International Reiki Association (AIRA). Jusqu'en 1985, pour devenir maître, il fallait passer par un long training dans l'une de ces deux associations et obtenir l'approbation de son président.
Il semble toutefois qu'il existe, au Japon, une branche indépendante, provenant du disciple préféré de Hayashi, **Eguchi**. À partir de lui, on passe en ligne directe au maître vivant **Takahashi**.
Ces derniers temps, d'autres lignées apparaissent sur la scène toujours plus confuse du Reiki, et toutes revendiquent plus ou moins leur pureté au détriment de celle des autres.
De plus, on trouve le Karuna-Reiki, le Néo-Reiki, le Reiki-Do, le Sathya-Reiki, le Rainbow-Reiki, etc.
Le Japon semble de surcroît être fécond en matière de techniques de guérison inspirées de sources religieuses et chamaniques, comme le Seiki-Jutsu, semblable au 2e niveau de Reiki, et le Jo-Rei, qui se réclame quant à lui de la figure charismatique du maître Meishu Sama, aujourd'hui disparu. En Occident, le principal siège du Jo-Rei est à Paris ; c'est là que réside le seul maître habilité aux initiations.
Le Reiki étant par essence simplicité et Lumière et, en tant qu'Énergie Cosmique, n'appartenant à personne, nous souhaitons que dans les années à venir, le désir de clarté l'emporte sur tous les autres intérêts.
Des tentatives corporatives ont eu lieu pour défendre le message originel, ce qui a entraîné la création de nombreuses organisations Reiki éparpillées dans le monde :

- L'Alliance Reiki, fondée par Lee Furumoto en 1981. Elle enseigne le Reiki traditionnel d'Usui, en trois degrés. Dernièrement, Lee Furumoto est sorti de l'Alliance, pour témoigner du fait que le Reiki ne peut être réduit à une seule organisation.

- L'AIRA fondée par Barbara Weber Ray en 1982. Elle utilise un nouveau groupe de symboles, ajoutés à ceux transmis par Usui et propose sept degrés.

- The Radiance Technique Association International (TRTAI), dernière filiation de l'AIRA.

- The Radiance Seminars Inc.

- The Radiance Stress Management International Inc.

- The Traditional Reiki Network.

- La RAU italienne, fondée par Zanella, ainsi que différentes autres.

Il m'arrive de plus en plus souvent de rencontrer des personnes qui, désorientées par cette quantité d'informations discordantes, recommencent trois ou quatre fois de suite les mêmes activations, en changeant de maître et de type d'association. Elles pensent ainsi combler toutes les lacunes possibles dans la transmission du Reiki et se préparer du mieux possible. D'après ma propre expérience, recommencer les activations est inutile, voire même dans certains cas contre-productif. Je le déconseille même lorsque ces activations sont offertes gratuitement. On « n'accumule » pas plus de Reiki de cette manière, de même que l'on « n'ouvre » pas plus les chakra (voir page 12). Je pense que chaque maître possède sa propre raison d'exister, dans la mesure où l'Énergie du Reiki lui permet d'opérer.
La véritable « ouverture » au Reiki s'opère en chacun de nous, dans la mesure où nous sommes prêts à devenir ses canaux de transmission. Naturellement, le rituel d'initiation doit être le plus correct possible et le maître doit également avoir été habilité à le conduire. Toutefois, l'état d'équilibrage intérieur, le degré de réceptivité et de concentration changent radicalement l'impact de l'activation.
Certaines personnes ne sont tout simplement pas encore prêtes à recevoir le Reiki : elles ne le désirent que par curiosité, esprit de lucre, motifs égoïstes, etc. La conséquence la plus fréquente est que par la suite, elles ne s'en servent jamais, ni sur elles-mêmes, ni sur les autres et sont donc très peu sensibles à l'Énergie. Elles en attribuent alors la faute à leur maître, tentent une nouvelle activation... et ainsi de suite.
Vivre le Reiki, le pratiquer le plus possible, est la meilleure des initiations. S'il y a une vérité à découvrir sur le Reiki, ou sur son histoire, c'est **au fond de notre cœur** que nous la découvrirons.
Après tout, Usui, à la fin de sa retraite sur la montagne, lorsqu'il fut frappé par le rayon de lumière blanche et qu'il fut illuminé par les symboles du Reiki, dit simplement : « Oui, je me souviens ».

QU'EST-CE QUE LE REIKI ?

L'idéogramme du Reiki est composé de deux parties superposées : celle du haut désigne le ***Rei*** et celle du bas le ***Ki***.
Le ***Rei*** peut être défini comme la Conscience Suprême qui préside à l'évolution de la vie. La signification littérale du terme est celle de *fantôme* ou *vapeur* : pour comprendre pourquoi, quelques précisions sur le contexte religieux dans lequel s'est formé le Reiki, le shintoïsme, peuvent être utiles.
Ici, la religiosité s'exprime en tant qu'intuition et perception mystique et esthétique du Divin. Son intuition fondamentale est justement celle d'une Harmonie Divine qui règne sur le Cosmos et sur la vie, car le Divin est présent partout et dans tous les êtres.
L'homme possède une âme sacrée, un corps sacré et la mission sacrée de vivre, en contribuant à la construction du monde idéal des Dieux. Chaque être vivant est une partie intégrante d'une chaîne illimitée de générations, ce qui entraîne l'abondance de rites envers les morts du shintoïsme, car les défunts peuvent s'échapper du royaume de la mort pour rendre visite aux vivants. Ces *fantômes* justement, lorsqu'ils sont purifiés, deviennent une partie du monde des Dieux et des nobles ancêtres. Ils sont la promesse de salut des ténèbres de la mort.
Pour obtenir la vie éternelle, il faut posséder un cœur clair, droit et limpide. En plus de se comporter dignement avec les autres êtres humains, on atteint la pureté en pratiquant régulièrement les rituels pour les *Kami*, c'est-à-dire les Esprits Divins qui imprègnent le Cosmos, et pour les Ancêtres. Il faut, en plus, se conformer au Beau qui a les mêmes vertus que notre bon ou bonheur, et se garder conforme à la nature qui est pleine de *Kami*.
Ces quelques remarques permettent de voir que le concept de *fantôme*, de **Rei**, se rapproche beaucoup de celui de Saint-Esprit de la religion chrétienne ou d'Énergie Divine immanente et omniprésente.
Au fond, la question de savoir si Mikao Usui a réellement existé ou non n'a pas d'importance. Sa figure est par contre très importante, en tant que symbole d'un anneau dans la chaîne ininterrompue des Maîtres, nos ancêtres, déjà entrés dans le monde de la Lumière.
Le ***Ki*** est par contre un concept plus commun ; en effet, son idéogramme apparaît également dans beaucoup d'arts martiaux, comme l'Aï-*ki*-do, le Tai-*chi*, etc.
Le ***Ki*** – ou, dans sa forme chinoise, le ***Chi*** – est l'Énergie subtile qui anime tous les êtres vivants. Aujourd'hui, on ne peut pas le percevoir par des méthodes scientifiques, mais ses effets sont bien connus, y compris de certains scientifiques. Pour donner un exemple, c'est l'Énergie qui rend le sang humain vivant ; en effet, le sang ne peut être reproduit en laboratoire, bien qu'on en connaisse parfaitement toutes les composantes. Les Hindous l'ont appelé *prana*, les Hawaïens *Mana*, les Rose-Croix *Force Vitale*, les traditions gnostiques *Lumière* ou *plérôme*, etc.
Le ***Ki*** est la manifestation individualisée du ***Rei***, de même que la flamme d'une bougie allumée n'est qu'une parcelle des possibilités infinies du feu et de la lumière. Cette énergie s'écoule en nous, grâce à un réseau invisible de vaisseaux appelés *nadhi*, et elle est maintenue en circulation par les moteurs des *chakra* (voir page 12). Les activations des Reiki permettent à cette Énergie de s'écouler plus intensément et de sortir en particulier par les mains : durant les traitements, l'opérateur de Reiki est donc un transmetteur, un canal reliant le récepteur au ***Rei***.
Le Reiki naît donc de l'union de Rei et de Ki et il peut être défini comme la Conscience Suprême qui guide et harmonise l'Énergie vitale présente en chaque être vivant.
Les recherches poussées, en particulier la physique subatomique, sont en train de vérifier ce que les religions de toutes les civilisations répètent depuis des millénaires : non seulement cette Énergie existe dans tout l'univers, mais l'univers lui-même est composé **uniquement** d'Énergie. Le fait de percevoir un objet comme quelque chose de solide n'est en pratique qu'*un point de vue*, car en réalité, même la table sur laquelle je m'appuie pour écrire n'est qu'une vibration.
La conséquence la plus bouleversante qui en découle à tous les niveaux est qu'il n'existe plus de frontière entre moi et les autres, entre moi et le monde, car nous faisons tous partie d'un même rayon cosmique. Nous possédons la faculté de changer notre modulation de fréquence et de nous synchroniser avec d'autres fréquences, car l'Énergie (et nous-mêmes en tant qu'énergie) peut être guidée par la pensée.
En ces termes, la maladie et la souffrance naissent lorsque nous nous écartons de la longueur d'ondes qui nous est propre.
Le Reiki nous ramène vers nos racines et nous purifie car il nous permet de retrouver le contact perdu avec la source de la vie et la chaîne des Maîtres.

À QUOI SERT-IL ?

Le Reiki est en général défini comme une « méthode de guérison naturelle » et on se soumet donc aux traitements ou aux activations dans le but de guérir soi-même et les autres.
Mais qu'est-ce que la maladie ? La polémique sur la frontière entre l'individu sain et le malade est très ancienne, de même que la question angoissante sur le pourquoi de la souffrance dans le monde.
En faisant abstraction des réponses philosophiques ou religieuses, il nous reste une constatation, bien qu'amère : la maladie fait partie de nous, exactement comme le dualisme bien/mal fait partie de notre monde. Les principes absolus de bien et de perfection, bien que recherchés depuis le début de l'histoire de l'humanité, n'existent que dans la sphère des idéaux. Cela ne signifie pas s'exposer placidement à la douleur, mais accepter que le concept de l'homme est un étrange mélange de lumière et d'ombre, tendant en permanence à sa propre amélioration.
On peut définir sain l'individu qui, en rapport **avec son niveau évolutif**, vit un état d'**équilibre relatif** entre ses conditions intérieures – physiques, psychiques et spirituelles – et les extérieures. S'il change de niveau ou si les circonstances auxquelles il est confronté changent, toutes les parties de son être vont s'articuler autour d'un nouveau point d'équilibre, lui aussi temporaire et relatif. La transformation continue est la première loi de la vie et un corps sain sait comment s'autosoigner, s'autopurifier, s'autoprotéger, s'autorenforcer. Nous pourrions définir la santé comme la « **flexibilité** » du corps dans la mutation de son propre équilibre relatif, et la maladie comme la « **rigidité** » au changement, le blocage, la stagnation de l'Énergie, le refus.
En général, ces résistances se manifestent sur le plan physique, car nous ne les percevons pas consciemment, et c'est donc comme si nous nous retrouvions sans armes pour les affronter. Et comment pourrions-nous le faire sans les voir ? Les amener à la lumière de la conscience, cela signifie donner au corps la possibilité d'intervenir. Certes, il vaut mieux prévenir qu'attendre que les petits blocages ne deviennent des montagnes insurmontables, toutefois le principe est le même.
La conscience, le réveil sont la voie de l'illumination, le chemin sacré de l'évolution. La preuve écrasante de cette vérité est donnée par certains malades en stade terminal ou atteints de maux incurables, qui parviennent à dépasser y compris les limites physiques et à trouver la vraie force de la paix intérieure. « Bénis soient les serviteurs que le Seigneur trouvera en train de veiller, lorsqu'il viendra »[1].
Lorsque nous sommes attentifs et conscients, chacun des aspects de la réalité devient un miroir clair et lisible, suivant le principe hermétique « Comme au-dessus, en dessous ». De manière encore plus évidente, chacune des parties de notre corps nous parle, puisque les symptômes apparaissent aux différents niveaux de l'être, **correspondant entre eux**, et suivant le mécanisme de l'**analogie**.
Il suffirait d'apprendre à écouter les signaux que nos organes nous envoient ou le type de pensées qui traversent notre esprit pour obtenir de façon lucide les réponses et les solutions à nos problèmes. Nous avons même oublié comment nous arrêter sur la signification des mots : il est par exemple incroyable de constater le nombre d'informations qu'un malade donne sur lui et sur sa maladie, sans s'en rendre compte. Parmi les sciences « parallèles », la neurolinguistique est justement en train d'exploiter les données fournies par nos organes sensoriels et par l'usage du langage, afin de résoudre de graves problèmes psychiques ou simplement pour influencer le comportement des autres.
La guérison devient donc une intégration consciente de parties cachées de nous-mêmes et par conséquent une **dilatation de la conscience**. Guérir, c'est grandir et passer à un nouveau stade évolutif : le renouvellement se produit en même temps sur des plans différents : spirituel, mental, physique. Il suffit de penser aux personnes qui ont survécu à de graves maladies ou à des accidents. Toutes relatent une transformation radicale de leur personnalité, ou avoir changé de vie, ou encore avoir trouvé la foi.
En partant de ce principe, le Reiki est une méthode de guérison naturelle.
Le Reiki guérit, dans le sens où il **amène à la lumière** de la conscience ce que nous avons tenté de faire bouger, il nous oblige à la sincérité et à l'honnêteté avec nous-mêmes. Ce n'est pas une faute d'être malade ou de vouloir oublier un problème : la vie offre son lot d'épreuves à tous et la fatigue, le refus sont tout ce qu'il y a de plus humain.
Dans tous les cas, le Reiki fournit le **support de force nécessaire** pour dénouer les blocages et s'en libérer. C'est une véritable opération de propreté. En effet, le corps réagit comme s'il

1. Luc, XII, 37.

était soumis à une **cure de désintoxication** : matière fécale plus sombre, augmentation de la diurèse, meilleure qualité de sommeil, nécessité du repos, refus des substances excitantes comme la cigarette, le café, les alcools, sentiment de libération et de légèreté par rapport aux pensées obsessionnelles, chute de l'angoisse.
Le Reiki nous **ramène à nous-mêmes**. Je me souviens qu'à la fin d'un traitement, un jeune homme me confia : « Vraiment je me sens bien, je me sens... OUI, JE ME SENS ». Il s'était retrouvé : sans se soumettre à des séances de psychanalyse et sans aucune explication sur le lien entre son problème et certains aspects de sa vie. Au troisième traitement, spontanément, il a tout ressorti, en identifiant précisément les causes. Le processus n'est parfois pas aussi immédiat, ni aussi indolore, il dépend aussi du type de résistance et de défenses amorcées, ce qui est tout à fait subjectif.
Le Reiki **accélère la renaissance**. Il est important de rappeler, en particulier à ceux qui se soumettent aux activations, qu'ils recevront une véritable « poussée cosmique » au changement. Avec des réactions et des temps propres à chacun, le processus induit à abandonner masques et barrières, à rencontrer son Ego le plus profond et à trouver le courage de le vivre.
Le Reiki, c'est **retrouver l'harmonie**, et surtout sa **propre** harmonie.
Le premier pas consiste à se libérer de la peur. Un être apeuré ne peut aimer, il craint la solitude, il n'est pas créatif, il s'agrippe à tous les gourous, à l'éducation, à la tradition, à la position sociale, aux biens matériels, et malgré cela, il continue à vivre dans l'angoisse, entre conflits et frustrations. Celui qui souffre souvent est seulement prisonnier de barrières qu'il a lui-même construites pour survivre et se défendre. La liberté d'être soi-même engendre la joie, la quiétude intérieure et l'harmonie avec le monde extérieur.
La conséquence importante de tout cela est que **le malade se guérit tout seul**. Le Reiki n'agit que comme un transfert d'Énergie afin de solliciter et de stimuler le système d'autoguérison et par la suite, de supporter la phase de rééquilibrage. Ce n'est pas l'opérateur qui « donne » : c'est celui qui se soumet au traitement qui attire et absorbe l'Énergie dans les parties qui en manquent et sont donc malades. Lorsqu'on traite des zones douloureuses par exemple, on éprouve une véritable sensation de remous, parfois très intense, au bras, presque comme si on était en train d'allaiter un enfant. Dans les cas les plus graves, on sent sous ses mains une sorte de trou, de vertige, de tourbillon, qui présente parfois des filaments et des courants froids. La force de l'absorption dans ces zones peut aller jusqu'à provoquer un léger étourdissement chez l'opérateur, surtout s'il est de 1er degré.
Il n'est pas nécessaire de croire au Reiki pour tirer bénéfice des traitements, toutefois **on obtient des résultats probants et stables dans la durée** à la condition que le récepteur participe consciemment et attentivement à son propre processus de guérison.
Le Reiki peut avoir des effets éclatants dans la thérapie de la douleur et des effets significatifs y compris sur les maladies graves. Cela ne signifie pas que nous pouvons nous passer de visites médicales, de médicaments allopathiques ou naturels. Il est important de **suivre les règles du simple bon sens** et d'évaluer soigneusement, au cas par cas. Certaines situations exigent l'intervention chirurgicale, ou des soins en urgence, ou encore la combinaison de plusieurs thérapies, dans d'autres situations le Reiki est déconseillé, comme par exemple durant les opérations chirurgicales.
Il n'y a pas de contre-indications à la pratique du Reiki associé à d'autres types de médecines, même s'il s'associe bien sûr mieux avec celles qui suivent les mêmes principes naturels. Seule exception : si le récepteur suit un traitement comprenant des psychotropes, des antidépresseurs, des anxiolytiques à des doses importantes, il vaut mieux attendre la fin de ces soins avant de commencer les traitements ou les activations, car on superposerait alors deux sortes d'intervention opposées. En effet, alors que les psychotropes ont des effets sédatifs sur l'esprit, le Reiki conduit au réveil des contenus profonds de la conscience.
Dans tous les cas, **le traitement pharmaceutique réduit les conséquences négatives des produits allopathiques**.
Le sentiment de tranquillité, de force et de bien-être qu'apportent les traitements peut être d'une grande utilité dans le cas de malades en phase terminale, car il les aide à se préparer en paix au trépas, tandis que l'action anesthésiante du Reiki peut **soulager** leur **souffrance**.
Le Reiki est également efficace sur **les plantes et les animaux** et grâce aux procédures du 2e degré, **on peut intervenir sur les objets, sur l'esprit et sur les situations**.
Le dernier et puissant effet du Reiki, c'est le fait de rapprocher les individus de la Dimension Spirituelle et du Divin. En particulier, celui qui reçoit les activations trouve un nouveau sens à son existence, car il se découvre partie intégrante d'une unique réalité. C'est aussi pour cette raison que l'on dit que le Reiki est amour : si nous comprenons que

nous et notre prochain sommes une seule chose, nous ne pouvons pas faire autrement que de le considérer et de l'aimer comme nous-mêmes.
Devenir un canal de Reiki et se laisser pénétrer par son Énergie signifie accepter un Cosmos dans lequel règnent une Présence Suprême et un Ordre Supérieur.
Cela ne se produit pas tout de suite, du moins dans la majeure partie des cas. En général, on laisse d'abord de l'espace à tout ce qui parle d'Énergie au sens large, de Cosmos au sens général, d'étincelle intérieure dans l'acceptation orientalisante, d'autoperfectionnement dans le style ésotérique occidental, et ainsi de suite.
En pratiquant le Reiki, on apprend l'humilité et par le Reiki, on arrive à Dieu, sous quelque nom qu'on le désigne.

COMMENT AGIT-IL ?

Le Reiki agit sur tous les corps énergétiques de l'homme. Appelés également **auras** ou **corps subtils**, ils entourent l'enveloppe physique comme un cocon de plusieurs couches superposées, à des fréquences vibratoires toujours plus élevées. Leur nombre – ou nom – varie suivant les traditions, puisque tout en vibrant à des fréquences différentes, ils ne sont en réalité pas séparés les uns des autres. En général, on en considère quatre :
• le corps éthérique ;
• le corps émotionnel ou astral ;
• le corps mental ;
• le corps spirituel.

Le corps éthérique

Le corps éthérique entoure le corps physique d'un halo lumineux d'environ 2 cm, que l'on peut photographier avec une caméra Kirlian. C'est la fréquence vibratoire la plus basse, mais elle est essentielle pour assurer l'Énergie Vitale à l'organisme et pour le protéger des agents pathogènes extérieurs ou des vibrations négatives. La maladie se manifeste d'abord ici sur le plan physique et apparaît comme un « trou » ou affaissement du tissu éthérique. Lorsqu'il est très affaibli, l'échange avec les autres corps subtils se fait difficilement et la personne manifeste de l'apathie et une certaine tendance à la dépression. Durant les traitements de Reiki, les auras éthériques de l'opérateur et du récepteur sont donc reliées y compris sans contact physique direct.

Le corps astral

Dans le corps astral s'expriment tous nos sentiments et toutes nos émotions, sous forme d'un arc-en-ciel de couleurs en mutation constante : peur, conflits intérieurs, agressivité, etc. apparaissent comme des ombres aux couleurs sombres, tandis que la joie, la dévotion religieuse, l'amour et les pensées positives créent des couleurs lumineuses, brillantes et pures.
Cette aura suit la forme du corps et les contours nets de sa silhouette sont un indice de l'évolution spirituelle de la personne. Elle peut s'étaler sur plusieurs mètres, ce qui entraîne une interaction avec d'autres personnes, très profonde et basée sur le principe de l'attraction réciproque d'ondes vibratoires semblables. Voilà pourquoi nous rencontrons des personnes ou des situations qui sont notre miroir, et même qui reflètent surtout ce que nous voulons éviter nous-mêmes ! Dans cette aura survivent également des problématiques liées à des vies passées. Seul le contact avec le plan spirituel permet au corps subtil de vibrer plus rapidement et de se détacher des aspects négatifs que possède la fréquence plus basse : c'est pour cette raison que les activations de Reiki et les traitements, en particulier lorsqu'ils sont de 2e degré, peuvent éliminer les traumatismes, les nœuds émotifs, les problèmes psychologiques.

Le corps mental

Le corps mental est de forme ovale et ses dimensions varient selon le degré d'élévation spirituelle de la personne. C'est là que se manifestent l'activité mentale de type rationnel et nos pensées exprimées sous forme verbale. Malheureusement, il subit souvent le conditionnement de l'émotivité de la sphère astrale, ce qui occasionne la création de structures mentales répétitives, convenues, qui ancrent la plus grande partie de notre attention sur des problèmes matériaux ou personnels. En faisant du Reiki, on a l'impression de désactiver ces circuits cérébraux malsains et d'entrer dans le silence et dans la paix. En effet, le but le plus haut du corps mental est la communication sur le plan spirituel et l'application de la vérité universelle sur le plan concret. Ainsi naissent la sagesse et la véritable connaissance de type intuitif, toutes deux expression d'un corps mental pleinement réalisé.

Le corps spirituel

Dans le corps spirituel, l'aura resplendit de couleurs délicates qui irradient à environ un mètre du corps physique ; chez les grands maîtres spirituels, elle peut s'étaler sur quelques kilomètres. La plus grande Énergie Spirituelle imprègne constamment ce corps subtil et alimente également les autres corps en les stimulant avec ses fréquences vibratoires plus fines. Le degré d'ouverture et de réceptivité de la personne détermine la quantité d'Énergie que l'on peut absorber et utiliser.
Avec les activations du Reiki, la capacité d'utiliser consciemment l'Énergie Spirituelle augmente, ainsi que celle de connaître, pendant certaines périodes limitées, la joie qu'offre ce plan, le sentiment d'union avec toute la création et la présence de Dieu avec nous et en nous.

Les chakra

Dans l'être humain, les différents plans subtils se croisent en des points particuliers appelés **chakra**, ce qui signifie roue ou disque en sanscrit. Ceux-ci fonctionnent comme des centres de réception, d'assimilation et de transmission de l'Énergie Vitale, tant dans le corps que dans le milieu environnant. Ils sont décrits comme des tourbillons et en tant que tels, ils créent en leur centre une sorte de cavité qui attire tout ce qui se situe au même niveau de vibration, pour ensuite le réélaborer et le remettre en circulation. D'après d'anciens textes traditionnels, 88 000 chakra existent, localisés en correspondance avec les ganglions nerveux ou les glandes endocrines ; les secondaires sont très petits et seuls 40 chakra possèdent un certain relief.
La tradition hindoue, reprise par le monde occidental, reconnaît sept principaux chakra, placés sur une ligne verticale qui suit la colonne vertébrale. Les chakra peuvent être plus ou moins ouverts, suivant l'état de conscience interne de la personne ou en réponse à des situations déterminées ; avec le développement spirituel, ils s'étalent, accélèrent la fréquence de leurs vibrations et prennent des couleurs plus pures et lumineuses.
Le Reiki réveille les énergies nécessaires pour activer consciemment les chakra, stimule leur harmonisation et crée un lien plus efficace et direct avec les forces créatrices du Cosmos.
Ceci est très important, puisque des interventions de type partiel ou fortuit sur le système des chakra peuvent provoquer des dégâts psychiques et physiques sur l'organisme. En effet, tout en étant situés dans les corps subtils, les chakra influencent de façon déterminante la zone du corps physique dans laquelle ils se trouvent, de même que la partie émotive et psychique. C'est pour cette raison que dans les traitements Reiki, les mains de l'opérateur parcourent la carte des chakra, y compris lorsqu'il s'agit de malaises psychologiques.
Examinons-les maintenant un par un.

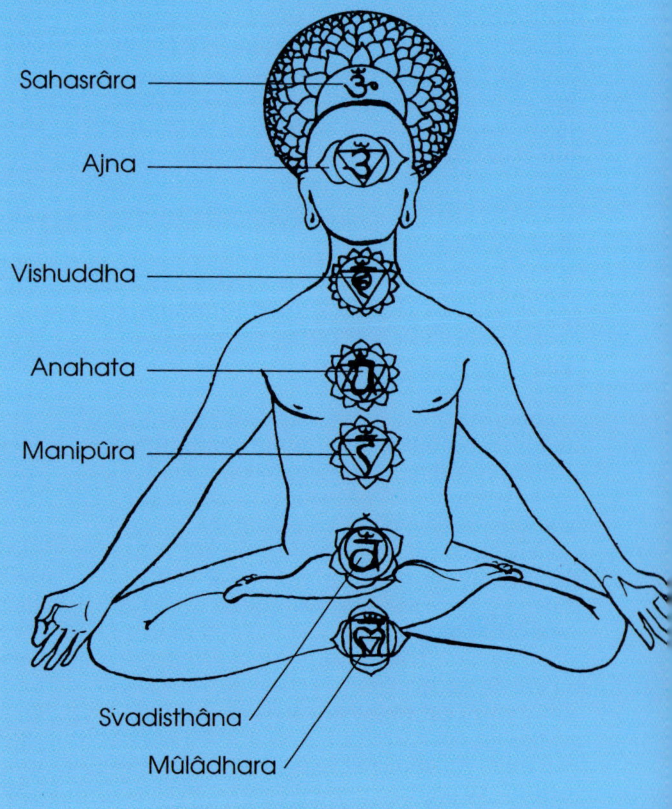

***Fig. 1.** Les sept chakra principaux*

1er CHAKRA : MÛLÂDHARA

En sanscrit, cela signifie racine, soutien : il est situé au niveau du périnée, c'est-à-dire dans la zone entre l'anus et l'appareil génital. Il est associé aux jambes, aux pieds, aux vertèbres sacrées et au coccyx, au canal excréteur, aux glandes surrénales, à la prostate, aux testicules, au col de l'utérus, à toutes les parties osseuses, aux dents, aux ongles et pour finir, à la formation des cellules du sang. Lié à l'élément terre, il exprime un état intérieur d'immobilité, de fermeté et de stabilité. Il régule la volonté de vivre et l'instinct de survie. Il relie au monde physique et aux besoins primaires, tant individuels que sociaux ; c'est pourquoi lorsqu'il fonctionne bien, on se sent bien intégré aux cycles naturels ; on trouve la force intérieure, la discipline naturelle et son propre code moral. On désire la sécurité matérielle, dont font partie la famille et les rapports sexuels, car ils assurent la survie de l'espèce. Se sentir enraciné signifie se sentir actif d'un point de vue créatif et surtout avoir surpassé la peur de l'impuissance et de la mort : cela entraîne la confiance en soi et en l'aspect positif du monde. Mûlâdhara est l'indispensable fondement des chakra supérieurs, le terrain solide sur lequel faire le bond vers les sphères spirituelles. C'est le siège de l'énergie Kundalini, le serpent de feu enroulé à la base de la colonne vertébrale et il règle les voyages astraux dans la dimension physique.

2e CHAKRA : SVADISTHÂNA

Il est placé entre le nombril et l'appareil génital et est relié aux organes sexuels, y compris les gonades, les ovaires, la prostate et les testicules. Étant relié à l'élément Eau, il correspond également aux reins, à la vessie et à tous les liquides, comme le sang, la lymphe, les sucs gastriques et le sperme. C'est le chakra du changement, de la découverte de l'autre, du principe du plaisir, de la sexualité. C'est pourquoi les relations sociales, et surtout celles avec le sexe opposé, sont décidément influencées par Svadisthâna. Il est en pratique le centre de la créativité, de la manifestation des émotions à l'état pur, de la vitalité et de l'enthousiasme. Il possède une fonction purificatrice du corps et de l'esprit et enseigne l'acquisition du contrôle des organes sensoriels, à régler le mécanisme du désir, par exemple de nourriture, et à gérer l'énergie sexuelle. À travers lui, on expérimente la sensibilité clairvoyante, c'est-à-dire la capacité de deviner les émotions des autres, ce que font par exemple les mères avec leurs enfants.

3e CHAKRA : MANIPÛRA

Il se trouve entre le nombril et le plexus solaire. Il est lié à l'estomac, au foie, à la rate, au pancréas, aux glandes surrénales, à la vésicule biliaire, au système digestif, à l'abdomen, au dos, au système nerveux autonome, à l'appareil musculaire. Il régule le métabolisme et il est responsable de la régulation et de la distribution de l'Énergie dans tout le corps. Lié à l'élément Feu, avec lequel il brûle par exemple les aliments pendant la digestion, il exprime la chaleur, le caractère expansif, le dynamisme. Il représente la volonté, l'action, le pouvoir avec lesquels on structure la personnalité et on l'exprime au monde ; la volonté de se guérir soi-même dépend elle aussi de Manipûra. C'est ici que sont reçues les impressions extérieures et que sont élaborées les réactions relatives instinctives, de même que la disposition à ressentir et à accepter ses propres sentiments et ceux des autres. C'est de là que part l'élan de transformation spirituelle, la perception de son propre charisme et la capacité instinctive de sentir ce qui est le mieux pour nous. Un bon fonctionnement de ce chakra est indispensable pour pouvoir percevoir convenablement le corps astral et pour expérimenter le plan astral. Il guide en outre les énergies des centres inférieurs et préside au développement des capacités psychiques, comme la télépathie.

4e CHAKRA : ANAHATA

Situé à la hauteur du cœur, au milieu du sternum, il est associé aux bras, aux mains, aux poumons, à la partie supérieure du dos, y compris la cage thoracique, à la partie basse des poumons, au cœur, à la circulation sanguine, à l'épiderme, au thymus et, par conséquent, au système immunitaire. Il exprime l'amour et l'acceptation de soi et des autres. L'union des polarités opposées, la chute de l'Ego, la compassion, la disponibilité. À la différence de l'attraction de type sensuel guidée par Svadisthâna, où il existe encore un sujet qui stimule la passion, en Anahata l'amour est le fruit de l'harmonie du Moi et de l'équilibre intérieur. La paix profonde, qui provient du fait d'avoir dépassé les besoins, irradie autour d'elle la joie et l'optimisme. La capacité de guérir avec l'Énergie « pranique », transmise par les mains, ou par le Reiki naît ici de l'émanation de l'amour et du fait d'être en équilibre avec sa propre Énergie. De cette façon, on est un simple catalyseur et on permet au patient de créer son propre sens de l'équilibre. Lié à

COMMENT NETTOYER ET ACTIVER LES CHAKRA			
Chakra	**Aliments**	**Cristaux**	**Couleurs**
Mûlâdhara	Les protéines, donc la viande, le poisson, les légumes, les œufs, etc. Si l'on se sent faible ou pas en désaccord avec le plan matériel, on peut s'aider en mangeant de la viande.	Pierres de couleur rouge, rouge sombre et noire. Jaspe, agate, hématite, grenade, rubis, rhodonite, onyx noir, obsidienne, tourmaline noire, quartz fumé, magnétite.	Rouge clair lumineux. Uni au blanc ou au bleu, il apporte l'Énergie Spirituelle à la Force Vitale.
Svadisthâna	Liquides et eau, tisanes, jus et en général tout ce qui nettoie les reins.	Pierres de couleur rouge et orange. Grenade, ambre, rubis, cornaline, pierre de lune, corail.	Orange lumineux. Suivant l'Ayurveda (discipline indienne), c'est la couleur cachée de l'eau.
Manipûra	Hydrates de carbone, amidons et sucres, aliments rapidement et facilement convertis en énergie. Trop d'aliments énergétiques créent une dépendance et rendent faible et déséquilibré le chakra.	Pierres de couleur orange jaune. Œil-de-tigre, ambre, topaze, citrine, soufre, tourmaline jaune, malachite, péridot, tourmaline verte, quartz brillant, apatite, calcite.	Jaune lumineux, pour activer et revitaliser ; jaune doré pour stimuler doucement.
Anahata	Les légumes. En effet le vert est la couleur de Anahata. S'agissant de produits de la photosynthèse, ils renferment aussi l'Énergie Vitale de la lumière.	Pierres de couleur verte et rose. Rhodocrosite, pierre de lune, opale, quartz rose, kunzite, tourmaline rose et verte, calcite, chrysocole, chrysoprase, chrysobéril, chrysolite, malachite, agate-mousse, morganite, jade, émeraude, aventurine.	Vert bois.
Vishuddha	Fruits. C'est le degré le plus haut de la chaîne alimentaire car on n'a pas besoin de tuer la plante. En outre, la fructose est un sucre naturel qui est absorbé très facilement par le corps.	Pierres de couleur bleue. Amazonite, turquoise, chrysocole, aigue-marine, pierre silicée, topaze bleu ciel, fluorite, tourmaline bleue, pyrite, opale, perle.	Bleu ciel lumineux.
Ajna	Jeûne. Les drogues peuvent être considérées comme une forme nuisible de nourriture du chakra.	Pierres de couleur indigo, pourpre et violette. Sodalite, lapis, azurite, sugilite, fluorite, améthyste, œil-de-faucon, lapis-lazuli, saphir, cristal de roche.	Indigo. Bleu et violet transparents.
Sahasrâra	Jeûne.	Pierres de couleur blanche, or et transparentes. Sélénite, quartz, diamant, améthyste.	Blanc et violet.

Musique	Parfums	Contact avec la nature	Type de Yoga
Rythmes soutenus et répétitifs. Les sessions de tambours, en particulier celles des tribus primitives africaines ou sud-américaines, sont excellentes.	Cèdre et œillet. Encens de cèdre.	Marcher pieds nus, s'asseoir et s'étendre par terre, dans les prés, en sentant la force de la nature. Les moments les meilleurs sont l'aube et le coucher du soleil.	Hatha yoga et Kundalini yoga.
Rythmes populaires mélodieux. Musique de bal qui ouvre à l'envie de vivre, comme la valse. Parmi les sons de la nature, l'eau qui s'écoule et le chant des oiseaux.	Huile Ylang-Ylang et bois de santal. Encens au gardénia.	Nuits de clair de lune. Rester près de l'eau (mer, rivières, lacs). Se baigner et s'immerger. Boire de l'eau de source.	Tantra yoga.
Rythmes soutenus aux sonorités harmoniques. Musique d'orchestre. En cas d'hyperactivisme, choisir une musique relaxante, type colonne sonore ou new age.	Lavande, romarin, bergamote. Encens d'œillet, cinamore et souci.	Bains de soleil, expositions aux rayons du soleil. Champs de blé ou de tournesols mûrs. Promenades dans de vastes espaces. Milieu de journée.	Karma yoga.
Danses sacrées, musique méditative et harmonique. Musique chorale.	Essence de rose, encens à la lavande, au jasmin, à la marjolaine.	Lentes et calmes promenades dans les bois et les prés. Fleurs éclosant, ciels rosés au crépuscule.	Bhakti yoga.
Musique new age ou de type méditatif. Chansons aux tonalités aiguës.	Sauge, eucalyptus. Encens au benjoin. Encens pur.	Contemplation du ciel durant la journée, en particulier lorsqu'il est clair.	Mantra yoga.
Musique classique et en général, toutes les musiques relaxantes.	Menthe, jasmin. Encens de lotus et de Gotu Kola.	Contemplation du ciel étoilé, en particulier durant les nuits de pleine lune, lorsque le manteau est bleu profond.	Yantra yoga.
Le silence ou tout type de son qui induit le silence et le recueillement intérieur.	Parfum de la fleur de lotus et encens pur. Encens de lotus.	Solitude et retraite en haute montagne, parmi les espaces ouverts et près du ciel.	

l'élément Air, Anahata régule la fonction respiratoire, ainsi que les techniques de contrôle de la respiration des disciplines spirituelles.

5e CHAKRA : VISHUDDHA

En sanscrit, cela signifie purifier ; il est placé entre les clavicules, au centre de la gorge. Il correspond aux oreilles, à l'ouïe, aux cordes vocales, au larynx et au pharynx, à la mâchoire, à la tyroïde, à la trachée, aux bronches, à la partie supérieure des poumons, à l'œsophage, aux bras, à la fonction respiratoire et à la faculté de parler.
Dans son rapport avec la thyroïde, il régule le métabolisme, le développement du corps et l'équilibre entre la croissance physique et la croissance spirituelle.
Il commande la capacité d'exprimer sa propre intériorité franchement et de communiquer avec le monde. Lorsque Vishuddha fonctionne bien, on vit libéré des préjugés, autonome, ouvert à toutes les dimensions, y compris subtiles.
Étant en relation avec Svadisthâna, il exprime aussi l'énergie sexuelle créative, la créativité sous toutes ses formes, le fait de donner et de recevoir. Au niveau paranormal, il développe la télépathie et la voyance car il préside à la communication sur les plans subtils.

6e CHAKRA : AJNA

Situé au milieu du front, entre les deux sourcils, il est également connu sous le nom de *Troisième œil.*
Il est relié au visage, aux yeux, aux oreilles, au nez, au cervelet, aux sinus frontaux, au système nerveux central et végétatif, à l'esprit et à l'hypophyse. C'est le siège de la conscience et de l'imagination créatrice et c'est de lui que dépendent le discernement, la mémoire et le raisonnement rationnel.
Là s'unissent les nadhi (voir page 8) Isa et Pingala, et s'y mélangent donc la polarité féminine, lunaire et intuitive d'une part ; avec d'autre part la polarité masculine, solaire et rationnelle.
Lorsqu'il est bien ouvert, on obtient la conscience du Divin, la possibilité de se connecter avec la conscience supérieure et un fort développement de toutes les perceptions et capacités ESP (extrasensorielles), parmi lesquelles la faculté de matérialiser les objets.
L'Ego est dépassé, de même que les désirs et les pulsions de la partie émotive de la personnalité.
En relation avec le chakra du cœur, il permet d'envoyer l'Énergie régénérante du Reiki de manière télépathique.

7e CHAKRA : SAHASRÂRA

Il se trouve au sommet de la tête, au point où se trouve la fontanelle à la naissance. Il reçoit et élabore les énergies cosmiques de fréquence très élevée pour ensuite les distribuer dans les chakra inférieurs. Il représente l'union avec le Divin. C'est pourquoi c'est là que sont expérimentés des états de conscience au-delà des limites de temps et d'espace, la connaissance complète, la sagesse, la fusion avec la Volonté Divine. En d'autres mots, ce chakra exprime l'amour inconditionnel, l'altruisme total, la conscience spirituelle de ne former qu'un avec l'univers. Lorsque Sahasrâra s'active, les blocages résiduels des autres chakra sont également brisés, car ils commencent à vibrer à leurs fréquences les plus hautes.

COMMENT NETTOYER ET ACTIVER LES CHAKRA ?

Les chakra peuvent être plus ou moins actifs, mais ils présentent très rarement des blocages complets. Leur ouverture plus ou moins grande peut dépendre du type de personnalité de chacun, mais aussi de raisons contingentes ou de profondes émotions. Dans le processus de réveil de ces centres, il est fondamental de respecter ses propres temps intérieurs et l'objectif d'un fonctionnement harmonieux de **tous** les chakra, afin d'éviter les déséquilibres psychiques et physiques. Les activations de Reiki agissent principalement sur Anahata, Ajna et Sahasrâra, mais tous les chakra sont concernés.
Durant les différents rituels, plusieurs personnes ont témoigné avoir vu, en progression, les couleurs rouge, orange, jaune, vert, bleu et violet, qui sont les couleurs des chakra, en partant de Mûlâdhara ; d'autres *voient* tout de suite un grand œil bleu/indigo (Ajna) ou une explosion de violet veiné de blanc (Sahasrâra).
Les chakra des mains sont eux aussi stimulés, ce qui entraîne des sensations de démangeaison, de fourmillement et de chaleur. Les nadhi sont clairement perçues comme des canaux internes par lesquels s'écoule la chaleur, à tel point que certaines personnes ont *vu* et perçu l'Énergie lumineuse qui parcourait leur bras, en partant du cœur jusqu'aux mains. Les personnes sans blocages importants des chakra sentent le feu de Kundalini remonter doucement le long de leur colonne vertébrale (Sushumna) et cela sans les effets collatéraux des autres techniques de stimulation Kundalini.

LE REIKI EST-IL UNE PRANOTHÉRAPIE ?

On entend par pranothérapie la capacité de transmettre de l'Énergie « pranique » dans un but curatif. Chez certaines personnes, c'est une faculté innée ; mais tous peuvent la développer grâce à des techniques particulières qui, sous des noms différents, enseignent à peu près la même chose : comment optimiser l'absorption de prana et comment la partager en nous et vers l'extérieur. On parle aujourd'hui de Qi Gong, de Pranic healing, de Guérison psychique, de Guérison vitale, de Toucher thérapeutique ou Terapeutic touch, de Pranothérapie classique, de Guérison magnétique, etc. Tout comme le Reiki, ces thérapies agissent sur les corps subtils, faisant pénétrer chez le récepteur la quantité de prana nécessaire pour faire éclore son système d'autoguérison et de rééquilibrage ; toutefois l'opérateur transmet ici sa propre surabondance d'énergie « pranique », son propre ***Ki***, tandis que dans le Reiki, c'est la réception et la transmission de ***Rei***, l'Énergie cosmique, qui priment.

Le pranothérapeute classique est en général poussé par un grand sens du devoir et par la volonté d'aider celui qui souffre ; cela entraîne une participation personnelle et un échange très fort avec le malade, ce qui peut amener à une cession réciproque d'énergie négative. Dans le Reiki par contre, il suffit d'être réceptif, ouvert, disponible. N'étant que des canaux de circulation pour le passage de l'Énergie cosmique, l'opérateur comme le récepteur sont presque complètement protégés d'échanges énergétiques négatifs.

Un diagnostic n'est même pas nécessaire, car le malade absorbe la quantité de Reiki dont il a besoin et il l'utilise là où elle sert. De nombreuses techniques praniques exigent, au contraire, une activité volontaire et consciente qui exige que l'opérateur sache comment diriger vers l'extérieur le flux énergétique et comment le régler pour l'adapter au patient, quel type d'énergie envoyer et comment arrêter.

La différence avec le Reiki se fait plus subtile dans ces formes de pranothérapie dans lesquelles on se tourne vers le Divin en demandant humblement à devenir l'un de ses instruments. Ici, l'Énergie est directement recueillie depuis le Cosmos et elle revêt les atours de la foi. L'opérateur n'est qu'un serviteur, un simple canal agissant suivant une forme de prière.

Celui qui a reçu les activations de Reiki peut également se trouver en situation de transmettre en premier lieu son ***Ki*** : lorsqu'il s'agit de familiers ou de personnes envers lesquelles on est impliqué émotionnellement ; lorsqu'on est poussé par une trop forte volonté de guérir et que c'est donc l'Ego qui cherche la reconnaissance ou la récompense ; s'il y a trop d'intérêt envers la problématique du patient et que l'on croit que la solution dépend de nous, etc.

On peut facilement s'en rendre compte car à la fin du traitement, on se sent émotionnellement vidé, fatigué, dérangé, parfois le ventre gonfle ou une fièvre légère qui peut se manifester plusieurs jours de suite apparaît. À ce stade, il est fondamental de décharger les énergies absorbées par les techniques de purification utilisées en pranothérapie : bains dans des eaux très chaudes dans lesquels du sel marin non traité est dissous, ou bien douches prolongées durant lesquelles on visualise l'eau, qui en coulant, nettoie les corps subtils ; promenades pieds nus sur la terre ou dans l'herbe ; toucher les arbres ; s'exposer aux rayons du soleil. Ce sont des cas rares, car lorsqu'on a appris à donner son entière disponibilité au Reiki, on peut faire des traitements pendant des heures en se sentant à la fin relaxé et serein.

L'imposition des mains sur le récepteur est un trait commun au Reiki et aux différentes formes de pranothérapie ; toutefois dans le Reiki, on ne fait pas de distinction entre la main gauche qui reçoit et la main droite qui donne, dans la mesure où les deux transmettent une énergie neutre, non polarisée.

COMMENT RECEVOIR LE REIKI ?

La première approche du Reiki se produit généralement en se soumettant à un traitement. On a ainsi le loisir d'apprécier ce qu'on peut difficilement décrire : le silence, la paix profonde, la relaxation totale. De nombreuses personnes racontent s'être senties *bercées* comme jamais auparavant, se sentir *pleines, réchauffées*.

Le choix du type de traitement varie suivant les problématiques ; en tout cas, on conseille d'effectuer, en préparation, un cycle de quatre traitements complets. Après une pause d'une semaine environ, durant laquelle le récepteur a le loisir d'installer en lui l'Énergie reçue, on effectue un autre traitement complet de « contrôle », sur la base duquel on décide si on continue et comment continuer les séances.

La règle principale est qu'il n'existe aucune règle, il faut donc toujours évaluer au cas par cas. Les problèmes chroniques exigent en général de fortes expositions prolongées au Reiki. Dans la clinique de Hayashi par exemple,

les patients étaient traités en même temps par deux opérateurs, et parfois des heures durant.
Il arrive souvent qu'après certains traitements, les personnes décident de recevoir les activations. Cela leur permettra de s'autotraiter et de traiter d'autres personnes.
Dans le système traditionnel Usui, trois degrés progressifs d'activation existent :

• **1er degré :** il permet d'intervenir sur tous les types de dysfonctionnements physiques et, naturellement, il fonctionne aussi au niveau psychique et spirituel. Les traitements sont faits en imposant les mains directement sur le corps du récepteur.

• **2e degré :** il permet d'effectuer les traitements à distance, de manière télépathique, et d'intervenir plus profondément sur l'esprit et les corps subtils.
Pour ceux qui vont vers le troisième degré, il existe ensuite un stade de *techniques avancées*, pendant lequel on apprend à dénouer les traumatismes émotionnels, à nettoyer les chakra, l'aura et le milieu et à intervenir sur le karma (voir page 82).

• **3e degré :** il enseigne les rituels et les symboles permettant d'activer les autres, c'est-à-dire qu'il enseigne l'art de devenir un maître.

LE PAIEMENT

La leçon donnée par Hayashi fut de ne pas donner le Reiki gratuitement, car celui qui aspirait à devenir pratiquant devait s'engager à donner des heures régulières de pratique, en tant que volontaire dans sa clinique. Le principe du *service* offrait différents avantages : il libérait le Reiki du mécanisme commercial, assurait un échange réciproque entre élèves et Maître, obligeait l'initié à faire de nombreuses expériences aux côtés de son maître et lui permettait ainsi de s'exercer.
Après lui, Takata fixa des paramètres monétaires, peut-être parce que dans le monde occidental, on peut plus difficilement appliquer le principe de *service*.
Le 1er degré fut fixé à 175 dollars, le 2e à 500 et le 3e à 10 000 dollars. Ces tarifs sont encore appliqués aujourd'hui par l'Alliance Reiki ; les autres associations, comme RAU et Radiance, connaissent certaines variantes, dues également au nombre de degrés différent, mais les coûts sont rarement inférieurs. Malgré les tentatives d'établir un « listing » des prix, en général chaque maître fait un choix personnel, suivant les motivations les plus diverses.
Certains offrent des initiations gratuitement, en réaction contre la commercialisation née autour de cette discipline. De cette façon cependant, on perd le juste et sain principe de l'échange, par lequel celui qui reçoit doit être disposé à donner quelque chose, que ce soit de l'argent ou autre chose. En outre, le fait de se borner à recevoir crée un rapport de dépendance envers le maître tout à fait contre-productif.
D'autres organisent des cours dont les honoraires sont *libres*, ce qui permet à chacun d'offrir quelque chose suivant ses possibilités.
Je pense que c'est la façon de voir la plus cohérente avec le Reiki, dans la mesure où elle préserve le principe de l'échange et peut s'adapter aux situations personnelles de chacun. En effet, Takata avait raison, mais sommes-nous certains que 500 dollars représentent la même chose pour un Albanais ou un Égyptien ou pour un patron new-yorkais ? De plus, s'il est vrai que certains essaient d'en profiter, il est aussi vrai que d'autres paient de leur personne ; le plus drôle étant que cela ne dépend pratiquement jamais des possibilités financières.
En ce qui concerne les traitements, ils coûtent en général de 100 à 300 francs chacun, mais il n'y a pas de tarifs fixes et certains praticiens peuvent demander jusqu'à 600 francs.
Le Reiki étant Énergie Cosmique et n'appartenant à personne, je suis convaincue que dans ce cas, également, les honoraires libres restent la solution la meilleure, servant plus qu'autre chose à dédommager l'opérateur du temps consacré aux autres.
Cet avis n'est pas partagé par de nombreux praticiens du Reiki. À leur objection qui consiste à dire que tout se paie dans la vie, je réponds qu'il existe des façons infinies de donner quelque chose en échange : ne faisons pas de l'argent un alibi pour ne plus rien donner de nous-mêmes !

Le premier degré

À QUOI SERT-IL ?

Avec le 1er degré, l'Énergie des Reiki commence à agir en nous dans **tous ses effets** et avec toutes ses potentialités. Cela signifie que le 1er degré possède tout son sens en lui-même et qu'il n'est pas obligatoire de passer au 2e ou au 3e degré.
On est en effet capable dès ce premier stade d'intervenir sur ses propres dysfonctionnements physiques et ceux des autres et, par conséquent, d'opérer des transformations y compris sur des plans psychiques et spirituels. Le chemin évolutif personnel reçoit une forte poussée et la preuve la plus belle en est justement le témoignage des personnes qui ont reçu l'activation.

QUI PEUT RECEVOIR LE PREMIER DEGRÉ ?

Tous. On conseille la prudence aux femmes à partir du sixième mois de grossesse, et aux personnes qui suivent de lourds traitements comprenant des psychotropes, auxquelles il vaut mieux conseiller d'attendre la fin de leur traitement allopathique. Par contre, ceux qui ont recours à de légers anxiolytiques ou somnifères peuvent se soumettre à l'activation, à condition toutefois d'être conscients qu'ils risquent une brève phase d'inquiétude due à leur état de plus grande conscience interne ; se raccrocher à ses médicaments habituels, parfois à des doses plus importantes, rallongerait le temps de résolution du malaise.

Face aux activations, certaines personnes ressentent la crainte de ne pas être à la hauteur, de ne pas réussir, d'être bloquées, pas assez spirituelles, inférieures, etc. Ce sont des craintes bien inutiles, car le Reiki fonctionne **toujours**, **pour tout le monde**.

QUAND ?

Les périodes durant lesquelles on peut se concéder un peu de temps pour soi sont les meilleures pour se soumettre aux activations, car on a alors le loisir de jouir du plongeon dans la dimension intérieure que suscite le Reiki et de le vivre pleinement.
Offrons-nous une pause ; après tout même les papillons ont besoin d'une phase en cocon pour se transformer !

COMMENT ?

Le rituel d'activation est divisé en quatre phases distinctes, elles-mêmes partagées sur deux jours, afin de permettre une transformation graduelle du néo-initié et une absorption progressive d'Énergie. Entre une phase et l'autre, des traitements sont échangés, grâce auxquels on peut expérimenter différentes situations et aussi ses propres réactions.
Tout se passe de manière tout à fait naturelle, à tel point que, parfois, les personnes ne se rendent pas vraiment compte de la transformation qui s'est opérée en elles en deux journées seulement !

LES EFFETS DE L'ACTIVATION AU PREMIER DEGRÉ

Recevoir les activations est un moment très spécial, inoubliable.
Les réactions au rituel sont extrêmement subjectives et peuvent varier d'un phase à l'autre.
En voici quelques-unes :

• Visions, en général de couleurs, mais aussi de situations, comme s'il s'agissait d'un film.

• Sensations intenses, comme celle d'être parcouru par des courants électriques, chaleur, frissons, palpitations.

• Fourmillements, brûlures, chaleur localisée en particulier dans les zones du cœur, de la nuque, du front et des mains.

• Perceptions altérées de son propre corps, qui entraînent une impression de flotter dans le vide ou d'être soulevé dans les airs.

• Grand silence intérieur, dans lequel flotte parfois la solution inattendue à un problème.

• Impression d'être investi d'un flux de chaleur qui descend de la tête aux pieds.

• Absolument rien. Surtout chez ceux qui s'efforcent de « se concentrer » et qui restent perplexes en n'éprouvant aucune sensation. En voulant comprendre et contrôler ce qui se passe, notre conscience reste en effet sur un plan trop mental. Le Reiki fonctionne quand même et on en a la preuve lorsqu'on commence les traitements.

• Même ceux qui sont « déchargés », et qui éprouvent un fort besoin de Reiki, ne ressentent souvent aucune sensation. C'est comme s'ils devaient d'abord remplir leur propre vide ; en effet, après une série de traitements, les réactions habituelles apparaissent. J'ai par exemple vu des personnes, qui disaient qu'elles n'éprouvaient rien, « s'enflammer » tout à coup, au point de commencer à suer, à la fin du deuxième jour de cours.

L'impact avec l'Énergie du Reiki est toujours fort, il est donc normal de se sentir un peu fatigué après les activations, surtout si l'on considère que les jours de cours sont toujours vécus avec une intense participation émotive.

Il faut se permettre de vivre tranquillement cette phase et favoriser les réclamations du corps ; mieux vaut donc éviter de faire des programmes rigides les jours de cours et les suivants. Pour accélérer le processus de purification amorcé par le Reiki, les bains chauds avec du sel marin non traité sont excellents, surtout s'ils sont pris le soir avant de se coucher, et durant les quatre traitements complets.
Durant les traitements, l'opérateur et le récepteur ralentissent la fréquence de leurs ondes cérébrales et passent de l'état mental normal Bêta à l'état Alpha, et dans certains cas à l'état Delta ou Gamma. En d'autres termes, ils entrent dans un état semblable à la méditation qui accélère la réharmonisation intérieure et augmente la sensibilité et les facultés extrasensorielles.
Avec la pratique, l'opérateur apprend à distinguer ses propres sensations de celles provoquées par le récepteur.
En premier lieu, ses mains se stabilisent et deviennent des instruments de diagnostic :

• Lorsqu'elles fourmillent ou démangent, les troubles sont légers.

• Elles deviennent bouillantes en cas d'inflammation ou de dysfonctionnements moyens.

• Leur transpiration augmente et elles suent lorsqu'une stagnation de liquides se produit.

• Elles deviennent froides et ressentent des tourbillons ou des souffles d'air gelé face à des maladies chroniques ou très sérieuses : le temps qu'elles mettent à se réchauffer est un indice de la gravité du problème.

• Elles ressentent une sorte de remous gênant qui remonte jusqu'au bras, lorsqu'elles traitent une zone douloureuse.

Chez ceux qui ont reçu l'activation, l'Énergie du Reiki peut ressortir de toutes les parties du corps, et non pas seulement des mains ; il pourra donc arriver de ressentir de la chaleur s'écoulant d'un coude ou d'un pied, surtout s'ils sont au contact de quelque chose ou de quelqu'un ayant besoin d'aide.
Le Reiki s'active de plus automatiquement lorsque vous vous trouvez près de quelqu'un qui a besoin de recevoir de l'Énergie.
Les mains deviennent chaudes tout à coup et même l'aura semble se réchauffer, au point d'être perçue par les personnes autour de nous.

LA PRATIQUE DU REIKI : PREMIER DEGRÉ

L'ambiance idéale pour une séance de Reiki est une pièce tranquille, aux lumières tamisées et avec une musique de fond relaxante. En général on utilise un divan ou un petit lit moyennement haut, pour éviter à l'opérateur des positions trop inconfortables, quelques coussins et une couverture pour couvrir le récepteur.

Il vaut mieux être pieds nus et revêtir des habits confortables dans lesquels on se sente à l'aise ; il n'est en aucun cas nécessaire de déshabiller le récepteur. Il ne s'agit pas de normes rigides, mais seulement de conseils suggérés par l'expérience, étant donné que le Reiki fonctionne dans n'importe quelle situation.

En général, avant de commencer, on enlève ses bagues, sa montre, les objets métalliques et sa ceinture ; on se lave les mains et on boit un verre d'eau.

On peut échanger quelques mots avec le récepteur avant et après le traitement, mais durant la séance, le **silence** est fondamental, afin de préserver la concentration intérieure et éviter des échanges négatifs de ***Ki***.

On utilise les deux mains, paume ouverte et doigts joints, pouce compris. Elles sont posées légèrement sur le corps du récepteur, sans exercer aucune pression. Au début en particulier, il est très utile de respecter les positions classiques illustrées par les photos ; ensuite, avec la pratique, on pourra suivre davantage son intuition et ce que suggèrent les mains elles-mêmes.

Chaque position doit être conservée au moins trois minutes, mais le temps peut être prolongé sans limites ; il faut écouter les indications données par les mains, surtout lorsqu'elles paraissent collées sur une zone ou lorsqu'elles sont froides et douloureuses.

On passe à la position suivante en déplaçant toujours une main à la fois, afin de ne pas interrompre brutalement le contact avec le récepteur.

Tous les traitements du Reiki sont précédés et suivis de phases rituelles appelées rééquilibrage, fermeture et remerciement.

• Le **rééquilibrage** sert à déplacer l'attention consciente sur le cœur et à se placer dans une attitude détachée par rapport au récepteur. On place les mains croisées sur le cœur (droite et gauche sont équivalentes), et on reste dans cette position jusqu'à ce qu'on ressente une impression de chaleur, en général quelques minutes.

Fig. 2. Rééquilibrage du cœur. *Les mains peuvent aussi bien être parallèles que jointes*

• La **fermeture** est un geste conventionnel qui sert à interrompre le contact avec le Reiki. On peut souffler sur les mains, les frotter l'une contre l'autre ou les ramener jointes sur le cœur.

Fig. 3. Fermeture. *On peut souffler, frotter les mains l'une contre l'autre ou les ramener jointes sur le cœur*

• Le **remerciement** est une prière silencieuse que chacun peut formuler comme bon lui semble. Il sert à remercier le Cosmos de nous avoir permis d'être son instrument et à nous rappeler que nous n'avons été qu'un canal de transmission de l'Énergie.

De véritables contre-indications au Reiki n'existent pas, mais quelques conseils sont valables dans les situations suivantes :

• Avec les enfants et les personnes âgées, il faut procéder à des expositions graduelles, car ils sont beaucoup plus réceptifs à l'Énergie. De même, ils sentent à quel moment il faut arrêter et leur décision doit être respectée.

• Il faut se montrer prudent avec les femmes enceintes, à partir du sixième mois de grossesse, car si la mère ne vit pas sereinement sa situation actuelle, les contractions pourraient être stimulées.

• Les fractures doivent être traitées après qu'un médecin ait remis l'os dans l'axe et plâtré la zone atteinte. Le traitement sera ensuite effectué directement sur le plâtre.

• Mieux vaut éviter les traitements durant les opérations chirurgicales, pour ne pas accélérer le flux sanguin.

• Avec les diabétiques, les différents traitements sont effectués en commençant toujours par le bas, au lieu de la tête.

Dans le tableau ci-contre, tous les traitements du 1er degré sont résumés.

LES TRAITEMENTS DU PREMIER DEGRÉ

Traitement	Indications
Traitement complet	Il est indispensable d'effectuer au moins un cycle de quatre traitements complets sur des journées consécutives, avant de commencer toute autre intervention. Seul ce type de préparation permet d'obtenir des résultats durables et stables.
Autotraitement	Adapté à n'importe quelle sorte de pathologie. On conseille toutefois de recevoir un cycle de traitements complets avant de se traiter seul. Son efficacité est en général réduite par rapport aux traitements reçus.
Traitement rapide	Lorsqu'on ne dispose que de peu de temps et qu'il faut intervenir rapidement. Avec des personnes âgées ou des enfants, pour les habituer graduellement au traitement complet. En phase préliminaire d'un traitement local. S'agissant d'un traitement sur les chakra, il est surtout indiqué pour tous les déséquilibres émotifs et psychiques.
Équilibrage des chakra 1re méthode	Comme le traitement rapide, il est surtout indiqué pour tous les problèmes émotionnels et psychiques. Il peut être effectué avant et après tout autre type de traitement. Pratiqué sur soi-même, il a des effets bénéfiques et très relaxants. Fondamental en cas de déséquilibre dans le fonctionnement du chakra.
Équilibrage des chakra 2e méthode	Mêmes indications que pour la 1re méthode. Adapté lorsqu'on se sent dérangé au niveau émotionnel ; durant une convalescence, une longue maladie, des stress prolongés, des dépressions et tous les cas où Manipûra n'est pas en harmonie.
Équilibrage des chakra 3e méthode	Mêmes indications que pour la 1re méthode. Adapté surtout lorsque le chakra déséquilibré est Ajna. Très bon pour l'autotraitement et dans les périodes de sur-travail mental, de stress, de dépression, de préoccupations obsessionnelles et d'insomnie.
Traitement de groupe	Lorsqu'une bonne dose d'Énergie est nécessaire. Pour des cas très complexes et des maladies chroniques graves. Pour réduire les temps de traitement complet

urée	Fréquence	Effets
oute position demande au moins rois minutes et le traitement entier lure environ une heure (avec les ositions facultatives, une heure t quart). Il n'y a pas de limites naximum à la durée, sauf pour les nfants, les personnes âgées, les nalades gravement atteints et les nimaux : lorsqu'ils le refusent, ela signifie que c'est le moment l'arrêter.	Les quatre séances du cycle doivent être faites sur des journées consécutives, ou avec des intervalles de temps très brefs entre elles. Après une pause d'une semaine environ, répéter le cycle ou les cycles si nécessaire. Faire des séances périodiques de contrôle.	Ils sont très subjectifs et varient aussi d'une séance à l'autre chez la même personne. Sentiment de bien-être, relaxation profonde, sensation d'abandon serein, rêves particuliers, chaleur dans tout le corps, frissons, froid, décharges électriques, phénomènes ESP. Certaines personnes ne ressentent aucun effet à un niveau conscient. Si le récepteur n'est pas prêt à affronter son problème entre le deuxième et le troisième traitement, cela peut provoquer une certaine agitation, un fort désir de tout raconter de lui, le refus de continuer le Reiki, la recrudescence de la maladie. Ces symptômes apparaissent au quatrième traitement dans la plupart des cas et sont le signe d'un processus de guérison entamé.
u minimum trois minutes pour haque position, pour un total de ingt minutes. Il n'y a pas de limite naximum de durée.	Y compris quotidienne. Les effets augmentent si les traitements sont faits régulièrement, tous les jours.	Mêmes sensations agréables que dans le traitement complet. Souvent, la relaxation profonde se transforme en un sommeil de courte durée régénérant. C'est pourquoi mieux vaut effectuer le traitement lorsqu'on peut s'accorder une véritable pause. Dans les moments de fort stress ou de maladie, il arrive de ne plus ressentir le Reiki dans les mains : ce n'est qu'une conséquence d'un tonus énergétique bas et le signal qu'inconsciemment, on désire que quelqu'un s'occupe de soi. En réalité, l'autotraitement fonctionne quand même et petit à petit, en même temps que le bien-être général, on sent la sensibilité des mains revenir.
Au minimum trois minutes pour chaque position et environ vingt minutes pour le traitement entier. Si nécessaire, s'arrêter plus longuement sur les chakra qui le demandent.	Y compris tous les jours, comme un tonifiant et un régénérant. Bonne alternative de l'autotraitement. Lorsqu'on peut le faire, le remplacer par le traitement complet.	Semblables à ceux du traitement complet, avec une sensation accrue d'être plein d'Énergie et revigoré. En situation d'urgence, il recharge les batteries et calme la douleur. Tout en agissant que sur les chakra, il a un effet bénéfique sur tout le métabolisme et sur l'humeur de la personne, puisque l'Énergie est canalisée directement sur les zones où se trouvent les glandes endocrines.
Variable suivant l'état du chakra. Minimum cinq minutes pour chacune des trois positions.	Lorsqu'on le souhaite ou qu'on en ressent le besoin. En cas de fort déséquilibre entre les chakra, il faut recommencer souvent le traitement, y compris tous les jours, jusqu'à ce qu'on obtienne une harmonisation totale.	Par rapport aux autres traitements, les effets sont un peu différents : les personnes particulièrement sensibles ressentent un véritable écart dans leur état intérieur. Localement, on retrouve les habituelles sensations de chaud, de froid, de fourmillements, etc. mais globalement, on perçoit le parcours de l'énergie d'une main à l'autre, jusqu'au moment de l'installation sur le point d'équilibre. L'émotivité altérée se réinstalle, la personne retrouve son propre centre intérieur et se sent fortifiée, ce qui entraîne des conséquences positives sur son état général.
Variable suivant l'état du chakra. Il y a cinq positions et chacune doit être tenue au moins cinq minutes.	Mêmes indications que pour la 1re méthode. Manipûra étant souvent sollicité et décisif pour le tonus vital, il est bon de l'équilibrer régulièrement.	Comme dans la 1re méthode. Ses effets sont puissants sur la réharmonisation intérieure ; il calme et recharge en même temps ; il apporte la clarté mentale et la lucidité à la sphère émotive ; il augmente l'équilibre dans les rapports interpersonnels. Il renforce le tonus vital et amène une nouvelle force et un nouvel enthousiasme. Il stimule et accélère le métabolisme.
Variable suivant l'état des chakra. Il y a cinq positions et chacune d'elles doit être tenue cinq minutes au moins.	Comme dans la 1re méthode. La personne dont l'activité mentale est intense nécessite un traitement plus régulier et fréquent.	Comme dans la 1re méthode. Il apporte la sérénité, une plus grande confiance en soi, la paix intérieure. En rééquilibrant l'Énergie des chakra inférieurs, le métabolisme s'améliore, le sommeil devient régulier et on affronte la vie avec plus de force. L'humeur se fait plus stable ; on se sent optimiste et en mesure d'affronter les problèmes. On s'éloigne des pensées obsessionnelles et on se sent plus ancré dans la réalité.
En général, environ vingt minutes. Si le récepteur a des réactions intenses, poursuivre le traitement jusqu'à la normalisation.	Même fréquence que le traitement complet.	Pour les opérateurs, c'est un moment de joie qui cimente l'esprit de groupe. Pour le récepteur, c'est une recharge puissante en Énergie. Des réactions émotives intenses peuvent en découler.

LE TRAITEMENT COMPLET

Les symptômes disparaissent de l'intérieur vers l'extérieur, de haut en bas, dans l'ordre inverse à celui de leur apparition.

(LOI DE HERING, HOMÉOPATHE)

C'est le traitement de base, indispensable avant tout autre type d'intervention, à l'exception des cas urgents ou des troubles très légers, qui peuvent être traités localement. Normalement, on effectue un cycle de quatre applications, en journées consécutives ou très rapprochées entre elles (voir aussi le tableau pages 22 et 23).
Les deux premiers traitements définissent et font resurgir le problème. Le récepteur prend conscience des causes réelles de sa maladie et très souvent, son état suggère une aggravation apparente. Il est important d'être proche de lui durant cette phase critique et de lui expliquer qu'il s'agit d'un parcours normal, afin d'éviter qu'il n'interrompe sa thérapie Reiki.
Le troisième et le quatrième traitement aident à briser le malaise à la racine et stimulent le système d'autoguérison du récepteur. Après une pause d'environ une semaine, on effectue une séance de contrôle qui permet d'évaluer s'il faut continuer, et si oui comment. En général, les maladies chroniques ou d'une certaine gravité nécessitent plusieurs cycles se suivant rapidement.
Les positions des mains illustrées dans ce chapitre ont été fixées par Hayashi lui-même dans sa clinique ; ce sont les plus efficaces et les plus économiques, mais rien n'interdit de les changer si la situation l'exige.
Pour chaque zone du corps, les pathologies physiques sont indiquées, ainsi que leurs correspondances causales sur le plan psychique et spirituel. Cette façon d'examiner le corps humain stimule la pensée analogique et élève notre niveau de conscience en nous amenant toujours plus au contact de la dimension cosmique de la vie.
Elle peut aussi nous être utile pour mieux comprendre le récepteur et pour établir les temps et les façons d'intervenir. Il est important de souligner que ce qui tient au plan psychique est toujours dur à accepter, c'est même la partie refoulée dans l'inconscient parce qu'elle provoque trop de souffrances. Par conséquent, il faut faire preuve de la plus grande délicatesse et du plus grand respect par rapport au récepteur.

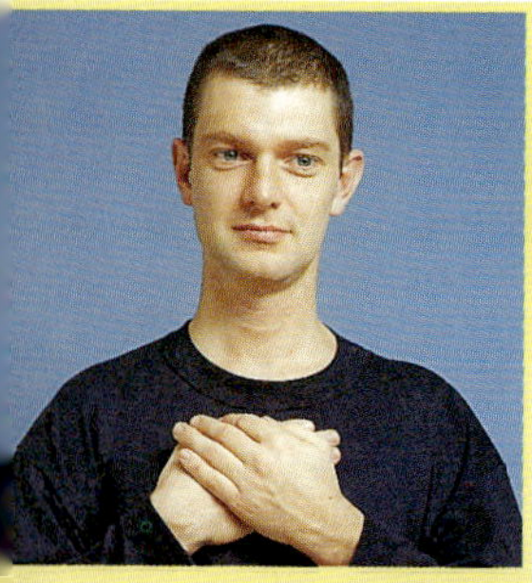

Rééquilibrage du cœur

LES POSITIONS

Avant tout, on exécute les positions d'introduction (rééquilibrage du cœur et caresse de l'aura), puis on passe au traitement des différentes zones du corps.

Fig. 4, 5, 6. Caresse de l'aura. *On commence mains parallèles sur la tête et on descend jusqu'aux pieds, en suivant les contours du corps en s'écartant de 20 à 30 cm environ. On recommence au moins 3 fois, en faisant attention à ne pas passer les mains sur le corps du récepteur dans la phase de retour*

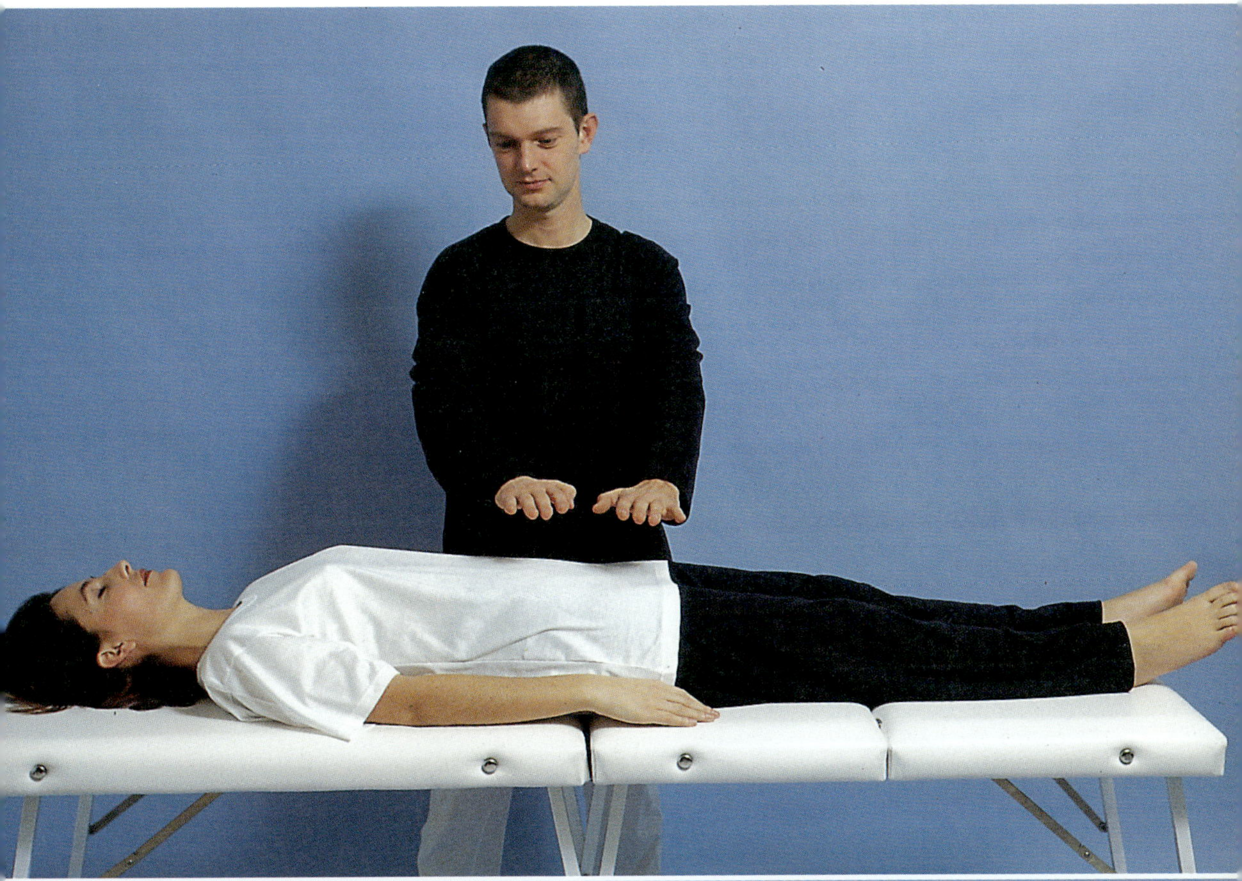

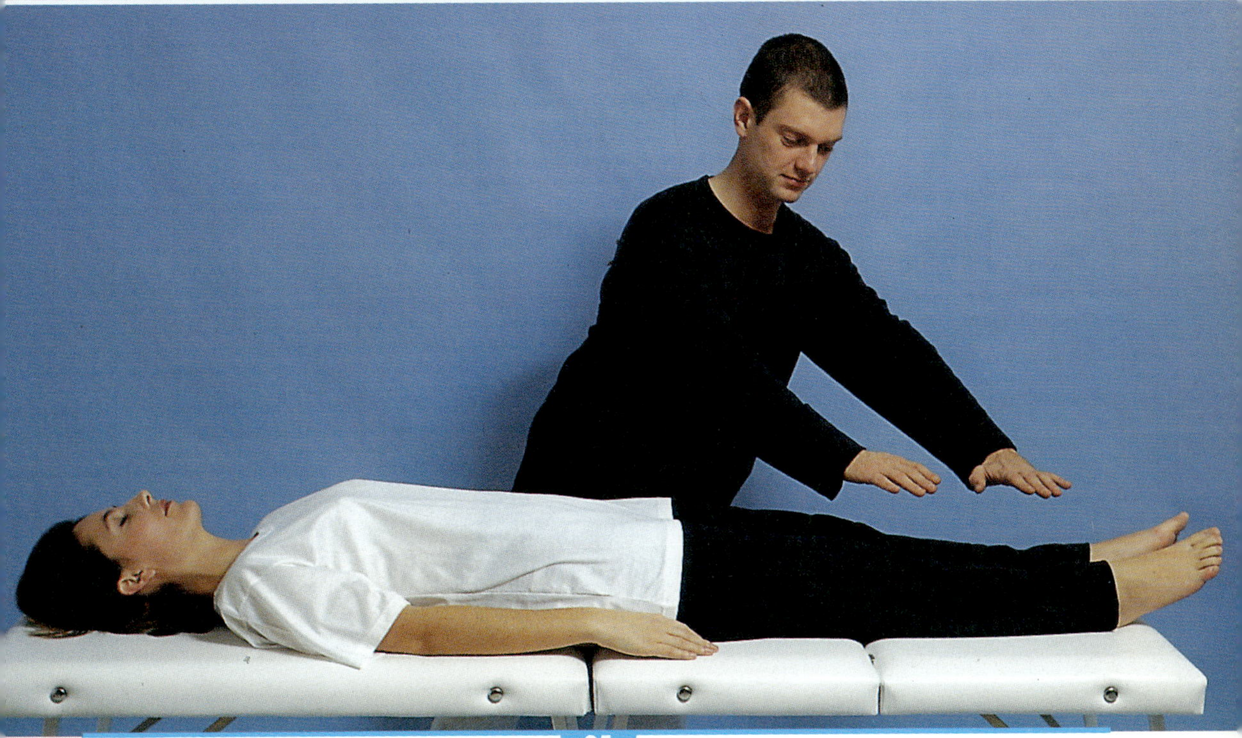

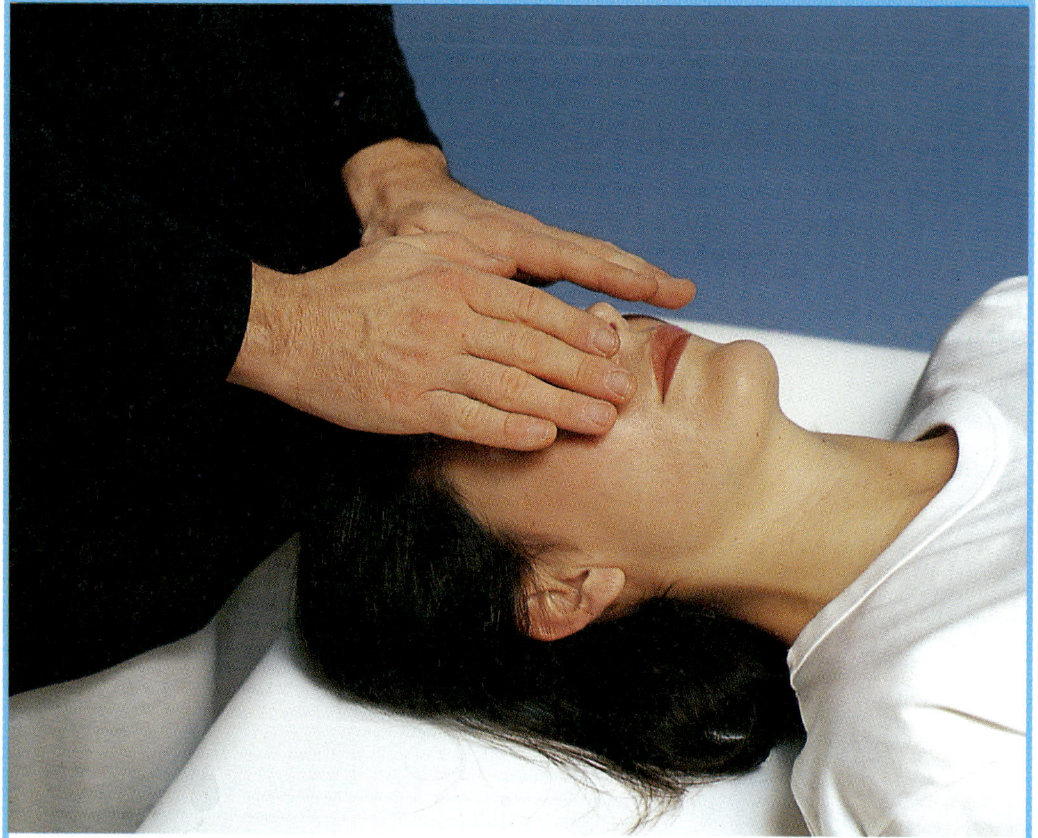

Fig. 7. *Ils sont très sensibles et délicats, il vaut donc mieux soulever légèrement les mains*

• **Plan physique :** myopie, presbytie, strabisme, conjonctivite, cataracte, daltonisme, cécité et en général, toute affection des yeux. Migraine.

• **Plan psychique :** on dit que les yeux sont le reflet de l'âme et en effet, ils sont le lien le plus direct entre notre intériorité et le monde extérieur. Par conséquent, tout problème aux yeux reflète une distorsion dans notre façon de concevoir la réalité et nous-mêmes. Le myope, par exemple, veut limiter ses propres capacités visuelles, justement parce qu'il n'a pas encore appris à regarder dans son âme. En général, il s'agit d'un éternel adolescent centré sur sa propre subjectivité qui ne veut pas se voir lui-même afin de ne pas souffrir et de ne pas briser sa fragile estime de soi.
Le strabisme est en revanche le fruit de visions contrastées de la réalité et du trouble ressenti face à l'incapacité de les concilier ; les images envoyées par un œil sont donc réprimées et on se contente d'une vision unilatérale et unidimensionnelle du monde.
Les inflammations de l'œil, les glaucomes et, à l'extrême, la cécité, indiquent le désir d'éviter un conflit ou quelque chose de désagréable, avec souvent la peur d'être puni. C'est comme si, sans le voir, nous pouvions éloigner le problème de notre conscience. En même temps, ce sont aussi des invitations pressantes à se recueillir dans l'intériorité et à la vivre d'une façon unique et spéciale.

• **Plan spirituel :** les chakra affaiblis sont Ajna, Sahasrâra, les chakra des tempes et de la nuque. Étant donné que les tensions et les émotions négatives aggravent l'état des yeux, on conseille de traiter, également, au moins le plexus solaire.

Tempes

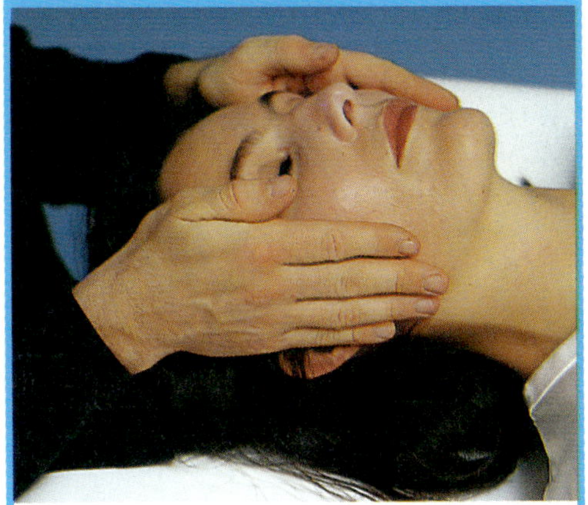

Fig. 8. On fait coïncider les tempes et les paumes des mains

• **Plan physique :** maux de tête, névralgies, migraines, stress, tension dans la musculature de la tête, des épaules et de la partie supérieure du dos.

• **Plan psychique :** le mal de tête est le signal de quelque chose de raté dans notre façon de penser et d'une rupture de la syntonie esprit-corps. Il naît souvent en conséquence de périodes de stress à cause de la tentative d'atteindre des objectifs sans doute trop lourds pour nos épaules. Ce sont majoritairement les personnes perfectionnistes qui en souffrent, ainsi que celles qui veulent imposer leur volonté, car elles centrent leur attention sur leur partie rationnelle et logique et négligent l'aspect émotionnel et l'aspect physique. Lorsque la douleur commence, qui peut durer des semaines, le malade aimerait littéralement s'arracher la tête et la réduire en morceaux.
Les attaques de migraine sont plus brèves mais peuvent s'accompagner de vomissements, de diarrhées, de troubles de la vue et d'altérations de l'humeur. Elles sont provoquées principalement par des blocages dans la sphère sexuelle, à cause desquels l'énergie vitale se déplace et se concentre dans la tête. La sexualité peut être complètement niée, jusqu'à l'impuissance, ou bien vécue avec détachement et une attitude désinhibée, mais en tout cas, d'une manière non naturelle.

• **Plan spirituel :** le mal de tête concerne directement les chakra de la tête, mais il a des correspondances dans les trois premiers chakra qui sont souvent fermés ou sans harmonie ; il faut donc traiter aussi Mûlâdhara, Svadisthâna et Manipûra.

Oreilles

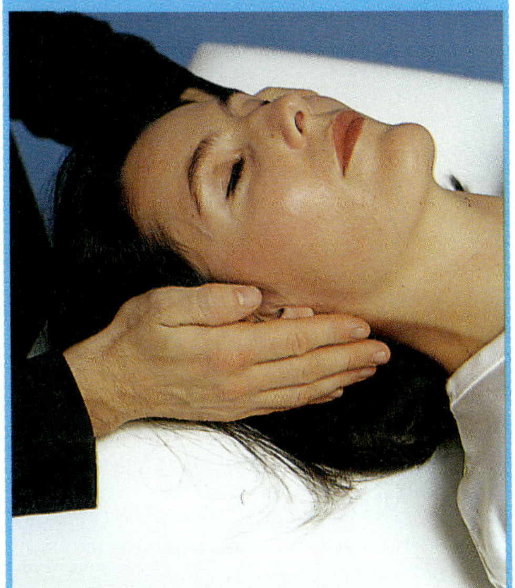

Fig. 9. Les oreilles sont une position facultative

• **Plan physique :** toutes les affections des oreilles, otites, oreillons.

• **Plan psychique :** on refuse d'écouter quelque chose qui nous oblige à nous soumettre aux autres ou à accepter des situations que nous refusons. C'est le refus entêté de tout ce qui implique la dépendance, la docilité, l'obéissance et une façon de réaffirmer notre subjectivité. On se ferme et on devient rigide parce qu'on ne veut pas affronter les problèmes et se remettre en cause ; la surdité ramène l'équilibre en nous obligeant à écouter plus longuement la voix intérieure, tandis que les efforts pour communiquer avec l'extérieur nous obligent à prendre encore plus les autres en considération.

• **Plan spirituel :** cette zone est associée au 5e chakra, Vishuddha. En effet, on trouve presque toujours un lien entre la difficulté d'expression de son propre soi (voir « gorge », fig. 13), comme dans les cas extrêmes des sourds-muets. Pour évaluer quels autres chakra sont impliqués, il faut faire un examen attentif au cas par cas, en particulier en présence de surdité.

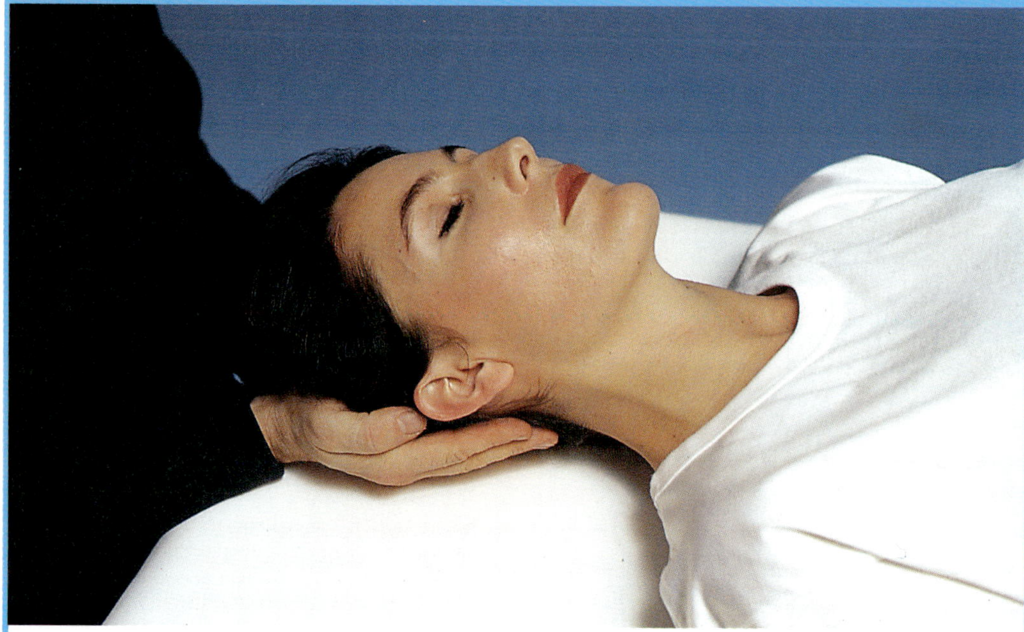

Fig. 10. Les mains en coupe accueille la nuque ; les doigts sont sur le cou, sur les premières vertèbres cervicales

• **Plan physique :** arthrose cervicale, chute des cheveux, problèmes aux yeux et aux oreilles, aphonie, névralgies, maux de dents, rhumes, sinusites, troubles de la thyroïde, altérations du métabolisme et de l'humeur, dépressions.
La nuque est le siège du bulbe rachidien et du cervelet qui, avec le cerveau et la moelle épinière, forment le système nerveux cérébro-spinal ; grâce à ce système, nous réussissons à transmettre au corps les actes décisifs du cerveau et à décoder les sensations que nous recueillons de l'extérieur.
C'est également de là que partent les innervations parasympathiques supérieures du système nerveux autonome, qui rejoignent les yeux, la bouche et, par le nerf vague, les poumons, le cœur et l'ensemble de l'appareil digestif.
Le système nerveux autonome dirige toutes les fonctions végétatives du corps et agit de manière indépendante de notre volonté.
Il se divise et comprend donc le système parasympathique : celui-ci se propage aux deux extrémités de la colonne vertébrale, à la base du cerveau justement et dans la région sacrale (voir également coccyx et « nuque-coccyx », fig. 38 et 39).
En simplifiant au maximum, on peut dire que la division parasympathique joue essentiellement un rôle passif, c'est-à-dire qu'elle modère et ralentit le fonctionnement des organes internes au moyen chimique de l'acéticolyne.
Le système orthosympathique, par contre, a pour fonction de stimuler l'activité organique et agit en utilisant l'adrénaline et la noradrénaline.
Nos émotions et nos états d'âme influencent le fonctionnement de ce système nerveux et, par conséquent, de toutes nos fonctions vitales : on sait par exemple que l'excitation ou la peur produisent des décharges d'adrénaline dans le corps et des contractions des viscères.

• **Plan psychique :** l'importance de cette position, sur le plan physique, explique à elle seule les correspondances au niveau psychologique. Les dysfonctionnements sont liés à des déséquilibres du tonus vital et de l'humeur, qui peut être très instable et passer de l'hyperexcitation à la dépression.

• **Plan spirituel :** dès l'Antiquité, les écoles mystiques accordaient beaucoup d'importance au système nerveux autonome, qui était considéré comme le véritable canal pour les guérisons de type spirituel.

Nuque-front

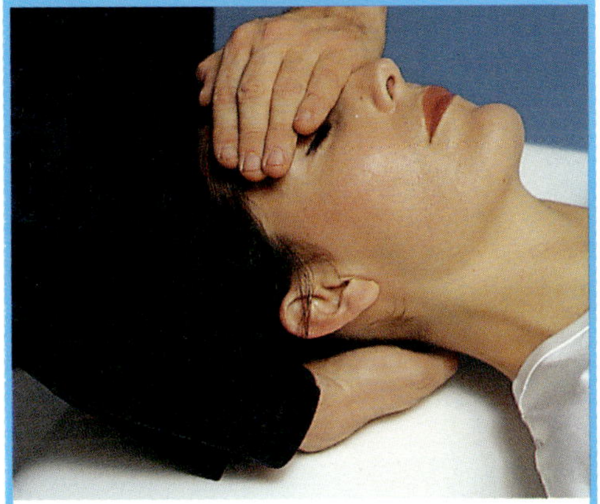

Fig. 11. Une main reste derrière la nuque, la paume recouvrant le creux de la nuque ; l'autre main se déplace sur le front, dans la zone entre les deux sourcils

• **Plan physique :** siège du système hypothalamus et hypophyse qui exige beaucoup d'attention car il est déterminant pour chaque fonction vitale et psychique.
L'hypothalamus est un centre de fonctions neurovégétatives, métaboliques et endocriniennes. Au travers de la médiation du système nerveux sympathique et parasympathique, il ajuste les réactions des organes internes aux états psychiques, régule la température corporelle, le mécanisme faim-satiété et, surtout, il dirige les comportements innés et instinctifs de l'être humain, ainsi que leurs inhibitions souvent dues à des facteurs éducatifs et culturels. Il intègre les informations nerveuses provenant de tout le corps et, sur la base de leur réélaboration, il stimule l'hypophyse auquel il est étroitement lié : il en résulte qu'il contrôle également tout le système endocrinien et hormonal. L'organisation hypothalamus et hypophyse est programmée dans un sens *chronobiologique* à des rythmes de fréquence variée, et elle gouverne donc tous nos cycles, comme celui du sommeil et de la veille, de l'activité et du repos, etc. Elle est en rapport avec l'écorce cérébrale et il existe un flux bidirectionnel d'informations entre elle et le système nerveux central, ce qui a entre autres pour conséquence d'agir sur les états de conscience et sur leurs altérations.
L'hypophyse élabore aussi les hormones de croissance, qui agissent en particulier sur la thyroïde ; celles qui régulent la fonction des ovaires des femmes et en général la fonction sexuelle ; les organes hypertenseurs qui agissent sur le tonus capillaire et règlent la pression sanguine.
Dysfonctionnements : épilepsie, formes de psychoses. Troubles du renouvellement hydrique, dans la sphère génitale et du métabolisme des graisses et des sucres. Diabète, maladies du sang comme l'anémie ou la leucémie. États de choc. Dystrophie musculaire. Alcoolisme. Formes d'infantilisme somatique et/ou caractériel. Perte de la mémoire ou carences de la mémoire. Insomnie. Pression artérielle altérée. Adiposité ou maigreur excessive, anorexie nerveuse. Apoplexies, tumeurs. Douleurs à la tête, aux dents et aux oreilles. Tous les problèmes aux yeux. Rhumes et saignements de nez.

• **Plan psychique :** de ce point de vue, l'hypothalamus est considéré comme le cerveau du corps subtil de l'homme, dans la mesure où, à travers ses liens avec le système nerveux autonome, il contrôle les réactions des organes internes à toutes nos émotions.
En cas de mauvais fonctionnement, on n'accorde de l'importance qu'à l'aspect matériel de la réalité et on est pris de désirs et par les nécessités physiques. L'esprit rationnel gouverne tous les aspects de notre vie, tout est organisé et fiché. On évite les discussions et les réflexions spirituelles, car on les juge inutiles et non démontrables scientifiquement. On peut posséder des facultés intellectuelles élevées et être habile en analyse, mais il nous manque une vision holistique de l'existence. Nos pensées sont déterminées principalement par des conflits émotionnels non résolus et influencées par les opinions des gens qui nous entourent. Notre esprit n'est donc qu'un tourbillon incessant et désordonné. Il peut également y avoir de l'arrogance intellectuelle, un désir de contrôler les autres, de l'agressivité, de l'égoïsme, du dogmatisme et de la superstition.

• **Plan spirituel :** la zone située entre les sourcils est le siège du 6e chakra, Ajna. Il est en relation directe avec le 1er chakra, Mûlâdhara, ce qui fait que tout changement dans l'un des chakra se répercute sur l'autre. C'est pourquoi, il est impossible de remonter aux sphères spirituelles supérieures si les racines ne sont pas bien plantées en terre.
Malgré le mauvais fonctionnement des chakra de base, on peut avoir accès occasionnellement aux niveaux subtils de Ajna, mais on est difficilement en mesure d'intégrer et de comprendre ce qu'on a reçu. L'usage de certaines drogues sollicite Ajna, en facilitant des états de conscience altérée, mais ces éclairs imprévus peuvent se révéler bouleversants et le danger existe que la dépendance abîme les tissus et la conscience, en nous ramenant ainsi à la problématique du 1er chakra.
La montée d'énergie de Ajna a un effet bénéfique et rééquilibrant sur les autres chakra, mais aussi sur toutes les parties du corps.

Calotte crânienne

Fig. 12. Les mains sont parallèles et les pouces s'effleurent

• **Plan physique :** dépression, aliénation, confusion, apathie, incapacité d'apprendre et de comprendre. Troubles émotionnels comme l'autoappitoiement, le fait de sentir victime, la tendance à dramatiser. Maladies psychosomatiques qui contraignent au repos et à l'immobilité. Pression sanguine élevée. Tête lourde. Physiologiquement, cette zone correspond au cerveau, à l'écorce cérébrale et au système nerveux central. C'est le siège des glandes pinéales. L'influence de cette glande n'est pas encore confirmée par la médecine : on sait seulement que l'un de ses dysfonctionnements entraîne un développement sexuel prématuré. Cette position influence aussi le système hypothalamus-hypophyse. Nous vous renvoyons donc aussi à la fig. 11 « nuque-front ».

• **Plan psychique :** on se sent incomplet et sans possibilité d'éprouver le bien-être et le plaisir. En réalité, on est prisonnier de nos peurs, qui se reflètent sur nos autres chakra en créant en permanence des blocages résiduels. Par conséquent, notre Énergie individuelle est pauvre et la façon dont nous exprimons notre personnalité n'est pas harmonieuse.
La réflexion sur la vie crée un grand sentiment de vide et d'incertitude : tout nous semble dénué de sens et la peur de la mort devient de plus en plus angoissante. On ne considère pas le monde spirituel comme une réponse possible et on se réfugie dans des activités frénétiques et très prenantes pour éviter de penser et se sentir responsable et indispensable.

• **Plan spirituel :** c'est là que se situe le 7e chakra. Sahasrâra n'est jamais vraiment bloqué, seulement plus ou moins développé. Toutefois, alors qu'on peut activer consciemment les 6 premiers chakra, pour le 7e on ne peut rien faire d'autre que s'ouvrir au Divin et se rendre disponible pour l'Énergie cosmique. Comme dans le cas d'Ajna, la montée d'énergie de Sahasrâra se répercute sur tout le corps et sur tous autres centres subtils.

Gorge

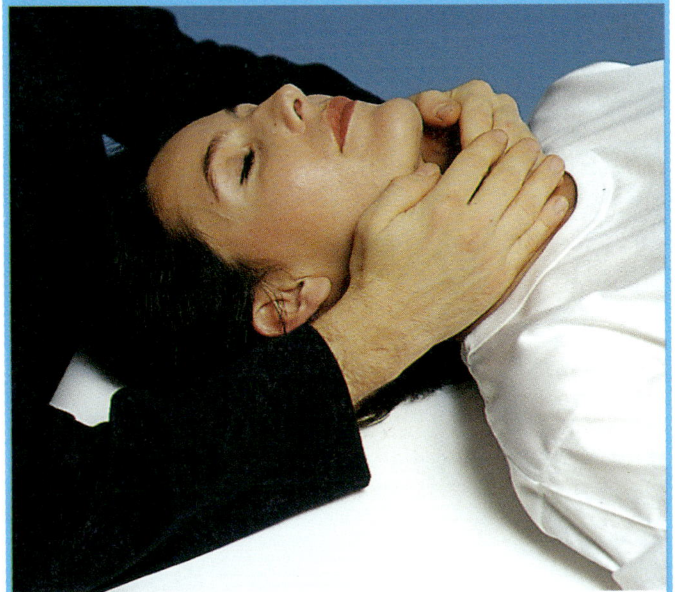

Fig. 13. Ne pas poser les mains sur le cou car, dans cette position, elles pourraient gêner

l'utilisation de la voix : le manque d'harmonie intérieure provoque des tons désagréables, des sons stridents, lourds, métalliques, etc. Certains ressentent un nœud dans la gorge lorsqu'ils essaient de s'exprimer, et leur voix sort faible et coupée ; d'autres en viennent à bégayer.
Le bégaiement est une manifestation accentuée de ce blocage émotif : ce qui fait peur, et qu'on essaye désespérément de contrôler, c'est l'énergie sexuelle et l'agressivité. Celui qui bégaie considère sa tête comme détachée de son corps et place la ligne de démarcation dans la gorge. Comme dans le cas de la migraine, la sexualité est réprimée et poussée vers la tête car tout ce qui est physique est considéré comme sale et dangereux.
Même lorsqu'il s'agit des enfants, le bégaiement est le signe que quelque chose d'urgent se fait sentir dans les profondeurs de l'inconscient, justement cette agressivité et cette énergie sexuelle liée à la phase œdipienne.
La difficulté de s'ouvrir au monde se concrétise physiologiquement dans les affections broncopulmonaires, traitées plus en détails aux fig. 15 et 30-33 « bronches » et « poumons ».
Avec le temps, le manque de liberté d'expression peut conduire à une certaine rigidité : au niveau psychologique, on en arrive à refuser les autres perspectives existentielles et matériellement, on préfère des espaces étroits, bien délimités et protégés. Sur le plan physique apparaissent des blocages du cou, comme l'arthrose des cervicales ou des premières vertèbres thoraciques, et des problèmes d'articulations des membres supérieurs (voir « épaules », fig. 14).

• **Plan physique :** dysfonctionnements liés à la thyroïde et au système lymphatique. Laryngites, trachéites, aphonies, bégaiements, problèmes d'ouïe, oreillons. Arthrose des cervicales et des premières vertèbres thoraciques ; arthrites et rhumatismes des membres supérieurs. Inflammation des bronches et de la partie supérieure des poumons. La thyroïde occupe un rôle primordiale dans le développement du squelette, des organes internes et pour le métabolisme en général. En effet, elle contrôle le niveau d'iode et de calcium dans le sang et dans les tissus, ainsi que l'utilisation de l'énergie provenant de la nourriture.

• **Plan psychique :** notre capacité de nous ouvrir et de nous exprimer est altérée : ou nous communiquons de manière excessive nos conflits émotionnels, ou au contraire nous nous renfermons dans notre monde mental, en niant aux émotions le droit d'exister. Dans tous les cas, on cherche à cacher son véritable Moi, et ses besoins profonds. Les sentiments que nous nous autorisons doivent d'abord passer par le filtre de l'esprit rationnel, de l'éducation et de la morale commune, car, au niveau de l'inconscient, nous ressentons des sentiments de faute non résolus et la peur de nos émotions. Cette situation de stress intense se manifeste dans

• **Plan spirituel :** siège du 5ᵉ chakra. Un blocage de Vishuddha empêche l'accès aux niveaux les plus subtils car la liberté intérieure manque et on a surtout peur de la vivre. Ce chakra est en relation avec le 2ᵉ, Svadisthâna, et ses problématiques sont donc étroitement liées à l'expression de l'énergie sexuelle, de la créativité personnelle et de la propre subjectivité. L'hyperactivité de Vishuddha peut entraîner des phénoménologies de type médiumnique.

Épaules

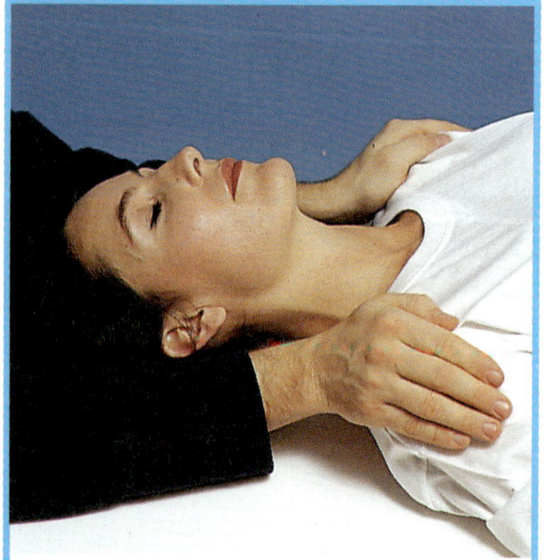

Fig. 14. Position facultative

• **Plan physique :** douleurs, arthrites et rhumatismes des épaules, des bras et des mains.

• **Plan psychique :** l'état des articulations montre à quel point on se sent flexible ou fixé sur son propre point de vue. La rigidité psychique se reflète dans les blocages des articulations tant des membres supérieurs qu'inférieurs. Lorsque la partie gauche du corps est touchée, le problème concerne notre monde affectif, tandis que la partie droite du corps concerne la sphère du travail et notre rôle social.
Dans les cas de rhumatismes, les déformations et le durcissement des articulations peuvent entraîner l'immobilité. La rigidité, accompagnée de douleurs, se diffuse graduellement, et de manière symétrique, des petites articulations aux grandes, et le cours de la maladie est chronique. Les personnes qui en sont affectées ont travaillé beaucoup dans leur vie, sans s'accorder de trêve et en se sacrifiant toujours pour les autres. En réalité, derrière toute cette activité, il y avait le désir de fuir la dépression et la sensation d'être une victime, tandis que l'altruisme masquait le besoin de lier les autres à soi pour toujours imposer sa propre volonté.
Avec l'immobilité, la maladie ramène l'équilibre : on peut finalement penser à soi et au fait que l'on a été très entêté et inflexible !

• **Plan spirituel :** zone contrôlée par le 5e chakra, Vishuddha (voir « gorge », fig. 13).

Bronches

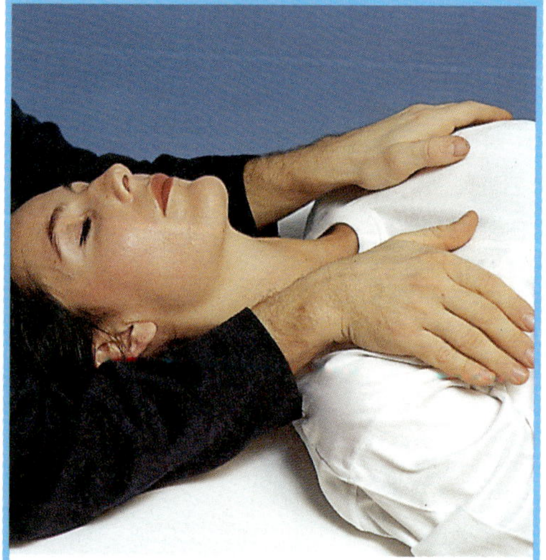

Fig. 15. Position facultative

• **Plan physique :** bronchites, asthme bronchial.

• **Plan psychique :** comme les autres dysfonctionnements liés au 5e chakra, l'asthme révèle l'incapacité extrême de s'exprimer soi-même et de donner. Pour trouver un équilibre, la nature bloque de cette manière la possibilité de prendre : en effet, si l'asthmatique respire à pleins poumons, il ressent une crampe respiratoire. Il voudrait prendre plus d'air, mais ne peut pas, justement parce qu'il a perdu la capacité de donner. Rien n'entre et rien ne sort : de cette façon, l'asthmatique crée son propre isolement pour tenter d'éloigner les aspects de la vie et de lui-même qui lui font peur. L'agressivité réprimée, dont nous avons déjà parlé à propos du bégaiement, empêche même l'expiration de l'air, et donc la faculté de parler. La dichotomie entre ce qui est propre et clair – le mental – et ce qui est dangereux et sale – le physique – est ici aussi portée à l'extrême, ce qui entraîne l'horreur de l'asthmatique pour les substances qui créent les allergies. Il cherche l'air « pur », etc. L'agressivité ne peut donc s'exprimer qu'au travers du gonflement de la poitrine et en tentant de dominer les autres pour en comprendre les intentions. En réalité, l'asthmatique ne réussit pas à s'accepter et à accepter ses imperfections. Il essaie désespérément de prendre l'amour des autres pour se convaincre qu'il est quelqu'un digne d'être aimé.

• **Plan spirituel :** zone contrôlée par le 5e chakra, Vishuddha (voir « gorge », fig. 13).

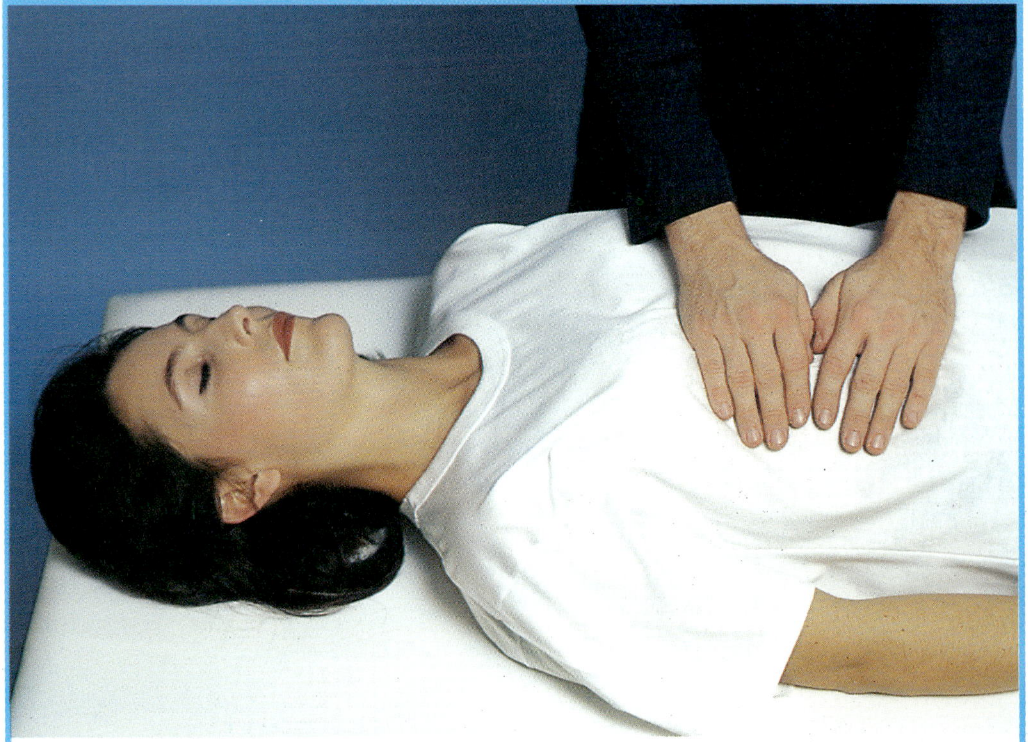

Fig. 16. Se placer à gauche du récepteur : pendant qu'on se déplace, il faut garder le contact avec lui, en effleurant le corps d'une main. Se placer sur le foie, en gardant les mains rapprochées et parallèles

• **Plan physique :** le foie a de multiples fonctions ; il transforme les graisses en énergie, emmagasine l'énergie grâce au glycogène, ainsi que les hydrates de carbone, il élabore les protéines animales et végétales et désintoxique le corps. Il est rarement dans un excellent état, car c'est sur lui que retombent les conséquences de déséquilibres localisés dans d'autres parties du corps, comme par exemple en cas de mauvais fonctionnement de la thyroïde ou de stress et de dépression. C'est certainement l'un des points à ne pas négliger durant le traitement, mais il vaut mieux considérer attentivement l'état général du récepteur et remonter aux causes primaires de ses troubles.
Dans la vésicule biliaire est produite la bile et c'est là que peuvent se former les calculs biliaires.

• **Plan psychique :** un foie malade indique le manque de modération dans l'absorption des stimulations externes, des désirs immodérés, des idéaux trop éloignés de ses possibilités. La capacité d'évaluation et de réélaboration des données est très affaiblie ; on essaye de compenser dans les excès mais on est assommé par l'accumulation d'expériences et de pensées que l'on ne réussit pas à réélaborer. La conséquence est la perte de l'Énergie Vitale.
La bile indique l'agressivité, tandis que les calculs biliaires représentent un blocage énergétique, une accumulation de contractions tellement figée qu'elle empêche la libre expression de la personnalité.

• **Plan spirituel :** on a oublié le rapport avec l'origine cosmique de notre être et on se noie dans la multiplicité des aspects de la « réalité ». Le fil qui nous relie à la religiosité de la vie et à la foi est probablement très fin, ce qui fait que les questions de base de la vie – « Qui suis-je ? D'où viens-je ? Où vais-je ? » – entraînent une angoisse. La confiance dans nos forces est très faible.

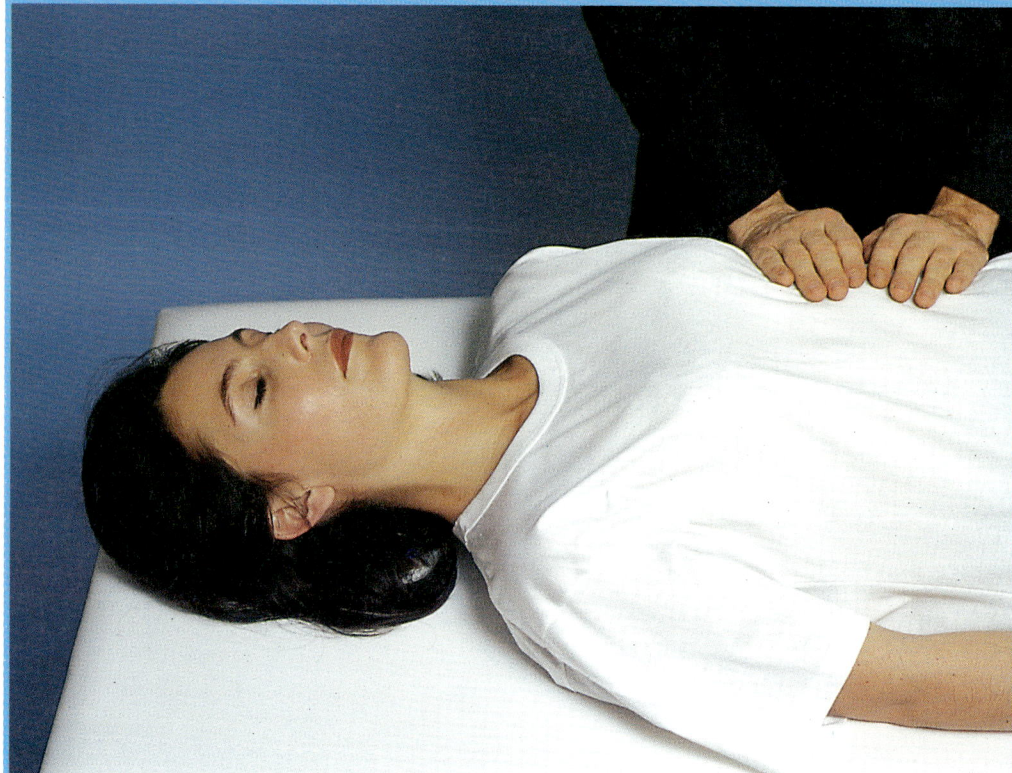

Fig. 17. On déplace une main à la fois en partant du côté du corps opposé à la rate

• **Plan physique :** siège du pancréas et de la rate. Le pancréas produit les sucs gastriques et l'insuline. Une quantité insuffisante d'insuline provoque le diabète, c'est-à-dire l'impossibilité d'assimiler les sucres.

La rate sert surtout à produire des globules blancs et à éliminer les globules rouges altérés, et donc à régénérer les cellules du sang et l'hémoglobine qui véhicule l'oxygène dans le sang. La rate est donc fondamentale pour le bien-être général ; ses dysfonctionnements affaiblissent surtout le système de désintoxication et le système immunitaire, à tel point qu'on a trouvé des liens avec la formation du cancer et du Sida.

• **Plan psychique :** le diabétique veut goûter des choses douces et ne peut pas le faire, de même qu'il voudrait aimer et se laisser aimer, mais n'y parvient pas. Il lui manque le courage de s'ouvrir et lorsqu'on lui offre de l'amour il le prend avidement mais ne le vit pas, exactement comme avec les sucres. Il est ainsi contraint de chercher des compensations de ses vrais désirs, sans toutefois en retirer la satisfaction.

L'excès d'acidité dans le corps, qui peut aller jusqu'au coma, est l'indice d'une trop grande agressivité réprimée.

Si nous avons des problèmes avec la rate, nous sommes remplis de doutes et de rancunes, au point de préférer se casser la tête en cherchant les solutions les plus variées plutôt que d'en essayer une. De cette façon, on se limite et on se bloque tout seul, jusqu'à ce qu'on ne sache plus ce qu'on veut et qu'on n'ait plus confiance en soi.

• **Plan spirituel :** c'est le siège d'un important chakra secondaire, celui de la rate. Ce chakra assimile et distribue de façon adéquate l'énergie solaire et le prana de l'air dans tout le corps. De même que l'organe physique, il est donc fondamental pour le renouvellement énergétique et pour garder intègre l'irradiation aurique et son propre charisme.

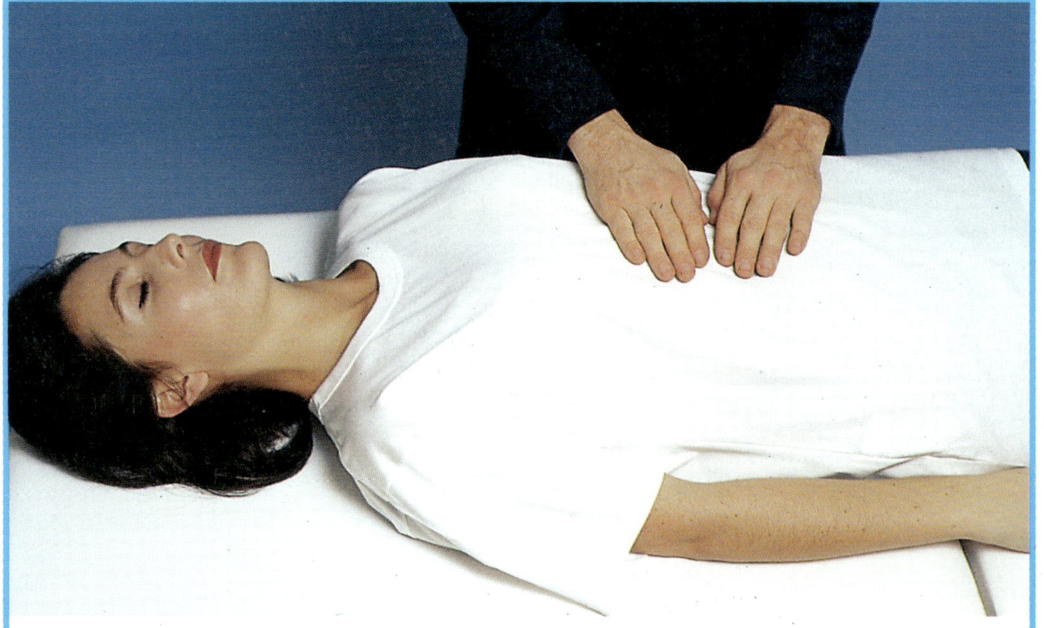

Fig. 18. Les mains sont placées au centre du thorax, entre la ceinture et le sternum

• **Plan physique :** ulcère, gastrite, troubles du foie ou de la vésicule biliaire, diabète, nausée, aérophagie, problèmes de digestion et d'assimilation des graisses, mauvais fonctionnement du pancréas, altérations du flux menstruel, difficultés respiratoires, hémorroïdes. Problèmes de dos et aux vertèbres correspondantes.

• **Plan psychique :** nervosité, stress, anxiété, angoisse, peur, rage, indécision, faim nerveuse. Dans tous les cas où le tonus vital est altéré et où se présentent des symptômes de dépression, d'insécurité, de fermeture et de difficulté à s'exprimer. Lorsqu'on a mal à l'estomac, c'est qu'on ne parvient pas à exprimer consciemment son agressivité et à vivre de manière responsable les problèmes et les conflits. Deux types opposés de comportement existent : soit un excès de volonté dirigé vers l'extérieur, avec des tentatives continuelles de s'imposer aux autres et aussi dans les situations, avec des épisodes d'agressivité et de colère, ou bien la faiblesse en se manifestant soi-même, l'indécision face à la vie et aux choix, la tendance à se rendre dépendant d'autres personnes, la peur d'exprimer ses sentiments.
Les deux comportements se fondent chez les personnes qui affichent leur indépendance, leur confiance en elles, leur orgueil, leur capacité de s'imposer, leur autonomie, tout cela dans le but de masquer un profond besoin de tendresse, de soin, d'amour, de quelqu'un qui prenne soin d'elles. Dans tous les cas, il y a un désir dissimulé de dépendance infantile et maternelle, de retour à l'enfance, à l'époque où il n'y avait pas de problèmes. Les larmes sont réprimées, parfois pendant des années, car on se dénie le droit de pleurer. On choisit et on recherche souvent un partenaire parmi des gens pouvant assurer une protection, plutôt qu'une relation mûre ; en effet, dans cette zone du corps se reflète le type de relation qu'on a eu avec son père. Trop de zèle et d'ambition révèlent que le chakra est trop stimulé, avec des effets négatifs sur la santé.

• **Plan spirituel :** zone du plexus solaire et du 3e chakra. Manipûra nous pousse à aider les autres mais il ne s'agit pas d'une compassion désintéressée : elle cache souvent le besoin de reconnaissance de son propre Ego. Les activations de Reiki augmentent cet aspect du chakra et souvent, derrière les proclamations d'amour universel, on trouve l'exercice d'un pouvoir personnel. Le danger est que, en faisant des traitements, on se sente responsable de la guérison des autres et donc directement et émotionnellement engagé, avec une perte consécutive de Ki, et l'absorption de l'énergie négative.

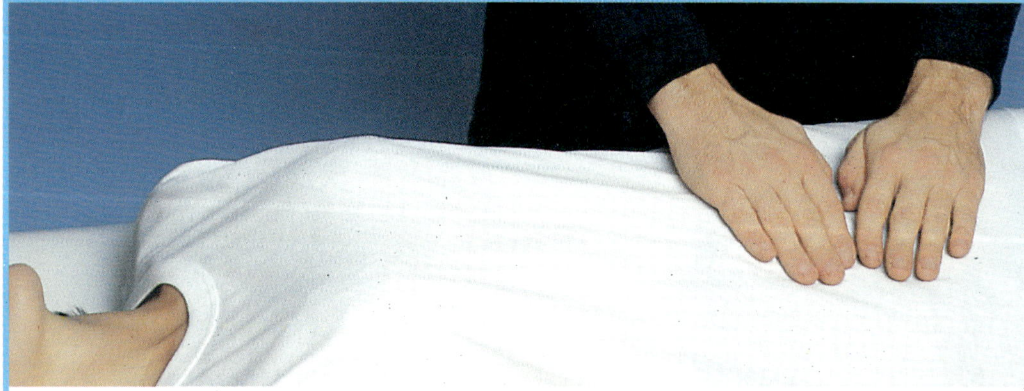

Fig. 19. L'un des petits doigts effleure le nombril et l'autre le pubis. Si on ne couvre pas tout le ventre, effectuer une autre position un peu plus bas

• **Plan physique :** troubles des organes sexuels, de la prostate et des ovaires. Cystites et problèmes rénaux. Rigidité, hernies et arthroses des vertèbres lombaires. Sciatique. Altération de toutes les parties liquides du corps, comme le sang, la lymphe, les sucs gastriques et le sperme. Impuissance, frigidité. Troubles menstruels.

• **Plan psychique :** tensions et incertitudes dans les rapports avec le sexe opposé, souvent parce qu'au cours de l'enfance on n'a pas reçu suffisamment de tendresse, d'affection ou de contact corporel avec ses parents. En réalité, la lutte se passe entre notre inconscient et nous-mêmes, travestis dans l'image que nous avons de notre mère. Pour donner un exemple, nous utilisons le souvenir d'une mère sévère pour continuer à nous fustiger et perpétuer les stratégies de survie apprises durant l'enfance. Nous oublions de grandir et projetons notre manque d'harmonie d'enfant dans nos rapports avec les autres. Nous continuons à chercher des solutions à l'extérieur, ou bien dans des êtres très particuliers à aimer, mais sans résultat, car la réponse ne se trouve que dans la conciliation intérieure entre notre pôle masculin et le féminin. Cette situation engendre une sorte de paralysie émotive, le manque d'autonomie, l'impulsivité et l'irrationalisme.
Pour combattre ce sentiment d'insécurité et d'infériorité, on se jette souvent dans une activité frénétique qui a pour but de démontrer que nous sommes doués, ou mieux encore, que nous sommes dignes d'être aimés. La recherche d'amour reste en effet la motivation principale, mais nous ne voulons pas l'admettre, pas même lorsque le poids des engagements est écrasant et qu'il faudrait faire un choix drastique pour changer radicalement de manière de vivre. Pour retrouver l'équilibre, le corps se bloque dans la zone lombaire, avec des complications dans les jambes. Surtout dans le cas de choix remis trop longtemps, où se forment des hernies aux disques lombaires.
La sexualité est elle aussi exprimée de façon inappropriée : elle peut être réprimée, obsessionnelle ou inhibée avec des explosions occasionnelles de perversion sexuelle, plus ou moins accentuée.
Derrière toutes les difficultés sexuelles, il y a la peur, car, durant l'orgasme, on perd le contrôle de son Moi, en contrevenant ainsi aux règles sociales et éducatives.
Dans les cas de frigidité, le problème réside souvent aussi dans le fait que le Moi se sent menacé par le partenaire.

• **Plan spirituel :** siège du 2e chakra, Svadisthâna. Comme dans les deux autres chakra inférieurs, le plan spirituel se présente ici dans un sens personnel et individuel. Par conséquent, l'aspect sexuel peut devenir une fin en soi, au lieu d'être dirigé vers le changement et les chakra supérieurs.
L'hermétisme et les écoles mystiques, tant en Occident qu'en Orient, ont indiqué dans la transformation de l'énergie sexuelle, la route à suivre pour rejoindre le Monde Spirituel et Divin. Il s'agit toutefois de l'union de l'essence masculine et de la féminine sur un plan subtil : le rapport sexuel concret est instrumental et parfois même sans influence.

Pubis

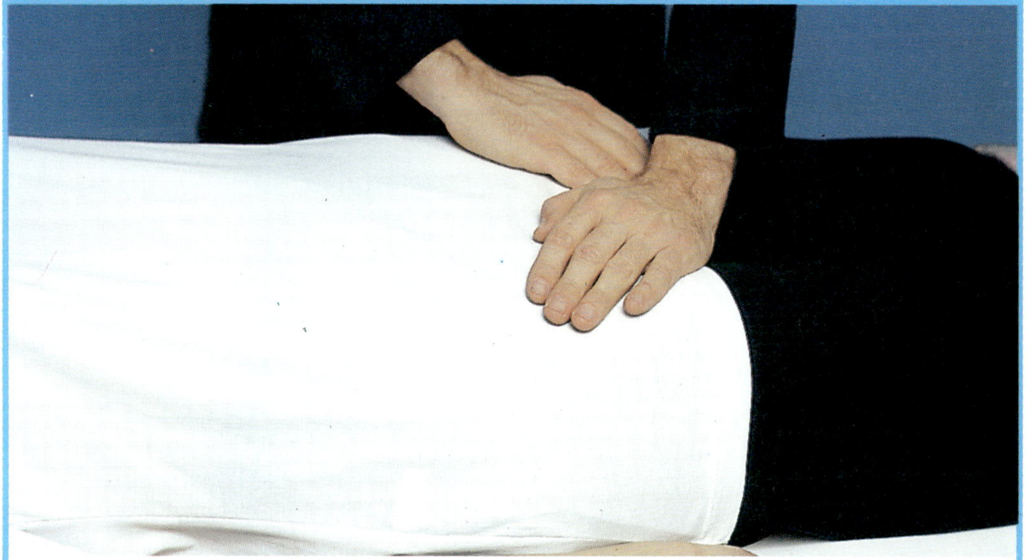

Fig. 20. Les mains forment un V sur l'os du pubis et les bouts des doigts de l'une des mains effleurent le poignet de l'autre

• **Plan physique :** troubles de l'appareil excréteur et intestinal, comme des hémorroïdes, des pertes sanguines à l'anus, le côlon irrité, la diarrhée ou la constipation. Obésité. Anorexie nerveuse. Problèmes de genoux et de jambes. Fractures (voir « ventre » et « genoux », fig. 19 et 21). Altérations des parties osseuses du corps, des dents, des ongles et de la composition cellulaire du sang. Fatigue chronique.
Cette position est en relation avec les glandes surrénales qui, par la production d'adrénaline et de noradrénaline, régulent la vitesse du flux sanguin et la température du corps.

• **Plan psychique :** les conditions extérieures de la vie font éclater automatiquement notre programmation interne de peur et de défense, sans que l'on puisse contrôler nos réactions. On se préoccupe alors excessivement du futur et de ce qui pourrait se produire et on s'épuise à essayer d'obtenir ce qui représente pour nous la sécurité. Nous courons toujours plus vite, nous cherchons à devenir plus efficaces, nous programmons notre vie dans ses moindres détails et pourtant rien ne semble jamais suffisant pour calmer cette forme d'angoisse. Nous passons donc la plus grande partie de notre temps à courir après des certitudes, nous n'avons plus de temps pour les autres et, surtout, nous nous sentons toujours très fatigués, malgré les heures de sommeil. Nous sommes dans une situation d'isolement affectif, car nous utilisons les autres : soit nous attendons d'eux qu'ils nous aident à devenir plus confiants, soit ce sont des ennemis pour notre sécurité.

• **Plan spirituel :** siège du 1er chakra et du serpent de feu Kundalini. Les activations et les stimulations violentes de Kundalini sont dangereuses, en particulier lorsqu'elles ne s'inscrivent pas dans un parcours spirituel tenant compte du développement graduel et complexe de l'individu. Si ce n'est pas encore le moment, en effet, nous pouvons être effrayés avec le risque d'abandonner toute recherche et, surtout, nous pouvons subir des décompensations énergétiques préoccupantes, tant sur le plan physique que sur le plan psychique.
Lorsque Mûlâdhara est en déséquilibre, nous sommes peu orientés vers la spiritualité et concentrés, par contre, sur nous-mêmes et sur nos besoins matériels.
On peut donc tendre plus vers la magie noire et tout ce qui semble assurer la possibilité de manipuler des personnes et des situations, même contre leur volonté.

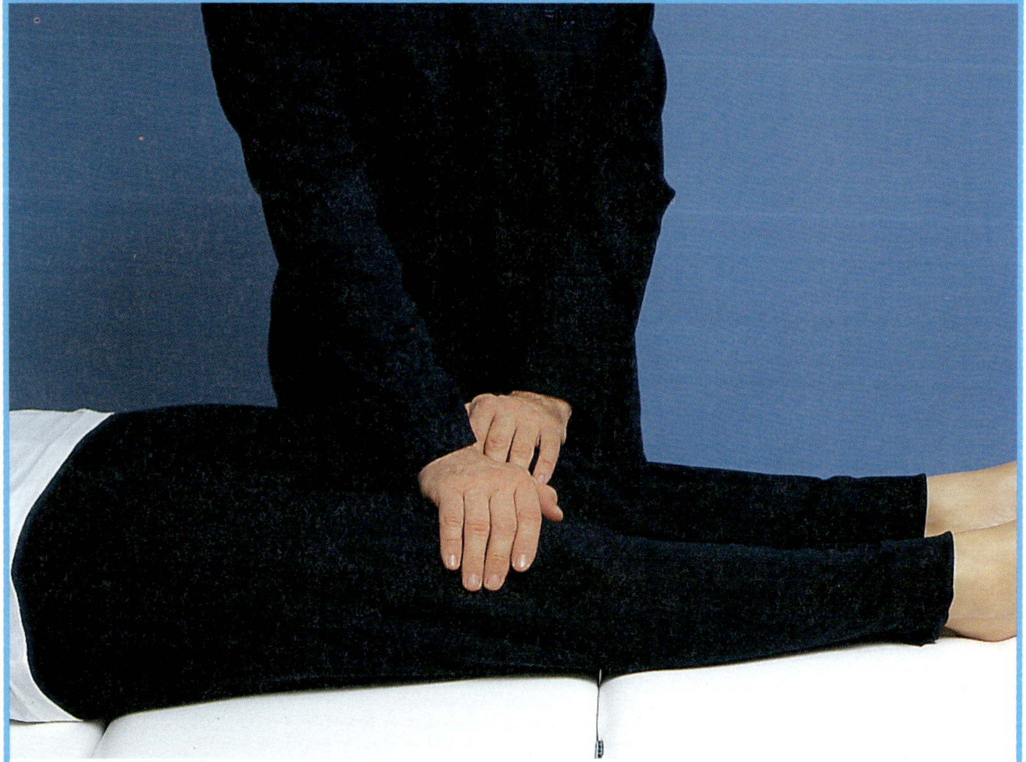

Fig. 21. Position facultative

• **Plan physique :** problèmes aux genoux et aux articulations des jambes. Fractures. Accidents concernant les jambes.

• **Plan psychique :** ils représentent notre capacité à être humble et à accepter nos limites ; ils reflètent de plus l'intensité de nos peurs. Les blocages des genoux, tant de type physiologique que mécanique, indiquent que l'on ne peut plus continuer et qu'on a besoin d'aide : les périodes de repos forcé servent justement au corps et à l'esprit pour se renforcer et recommencer du début. Dans le cas de fractures, on cherche même à briser violemment l'immobilisme et la rigidité de sa vie pour trouver de nouvelles routes, comme cela arrive souvent à ceux qui ont subi des plâtres et des traumatismes.
Cela peut sembler étrange de penser que nous jouons un rôle actif dans les accidents qui nous frappent. Et pourtant, Freud aussi bien que la recherche psychosomatique moderne les considèrent comme le fruit d'une de nos intentions inconscientes ! le principe, en effet, est toujours le même : nous entrons en résonance et nous attirons les situations qui se trouvent sur le même plan vibratoire. Les accidents, de quelque genre qu'ils soient, indiquent que nous ne sommes pas conscients de l'urgence qu'il y a à modifier quelque chose dans notre vie ; par conséquent, le changement s'impose tout seul par un épisode violent. La même dynamique d'incidents révèle beaucoup de choses sur notre situation et sur la manière dont nous devrions intervenir.

• **Plan spirituel :** les genoux sont le siège d'un important chakra secondaire, que nous pourrions appeler celui de la *peur* ou de l'*humilité*. Dans le langage parlé, les expressions suivantes nous le montrent : *Être aux genoux de quelqu'un* ou bien *Ne pas aller aux genoux de quelqu'un*. Entre autres, ce n'est pas un hasard si on prie à genoux. C'est un point relié en particulier au chakra de la racine, Mûlâdhara.

Intérieur des cuisses

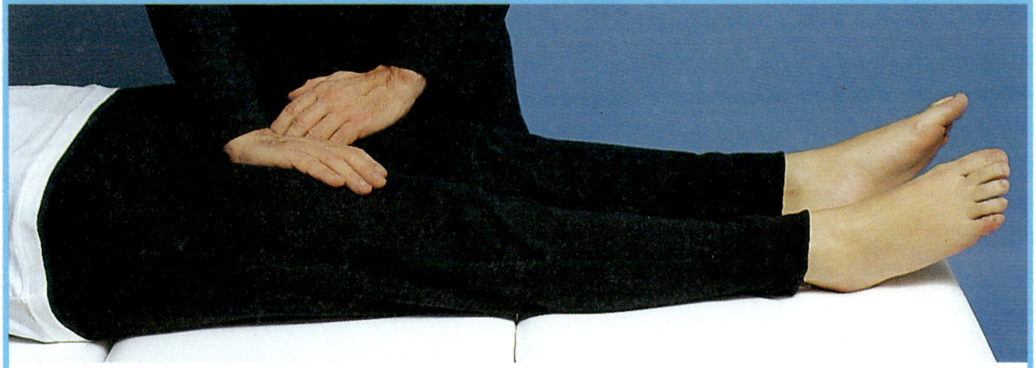

Fig. 22. Position facultative

• **Plan physique :** troubles de la circulation et des tissus connexes, varices, thromboses (voir « cœur », fig. 23). Altération du système lymphatique, rétention de liquides, cellulite (voir « ventre », fig. 19).

• **Plan psychique :** le sang représente la vie et la vie se manifeste en tant que changement et mouvement. Lorsque la circulation du sang est lente, et surtout en cas de thrombose, nous sommes en train d'essayer d'abandonner le champ de l'existence ; nous nous laissons vaincre par la paresse, nous manquons d'élasticité mentale, nous éprouvons un vif besoin de sécurité matérielle car nous nous sentons vulnérables ; exactement comme notre peau qui au plus petit choc présente un bleu ou un hématome.
C'est le cadre de la lourdeur et de la stagnation.

• **Plan spirituel :** les chakra concernés sont en particulier Mûlâdhara, Svadisthâna et Anahata, mais, comme toujours, il faut traiter tous les chakra.

Cœur

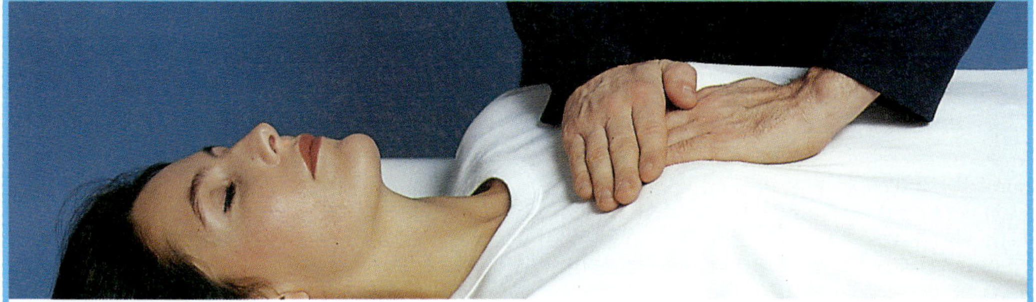

Fig. 23. Poser une main sur le sternum, les doigts tournés vers le haut et les appuyer sur l'autre main, en forme de T. La paume de la main posée sur le dessus couvre la pointe des doigts du dessous

• **Plan physique :** problèmes de circulation et au cœur. Altération de la pression sanguine. Allergies. Troubles respiratoires, emphysème pulmonaire (voir « poumons », fig. 30 à 33), asthme (voir « bronches », fig. 15). Acné, furoncles, éruptions cutanées de type eczéma, dermatoses. Blocages des vertèbres thoraciques correspondantes. Avec cette position, on

traite également le thymus, glande affectée au contrôle du système lymphatique et à la régulation du système immunitaire.
En cas de maladie de cœur et en présence d'un pacemaker, il faut éviter de pratiquer le Reiki directement sur la zone du cœur et graduer progressivement la durée des traitements.

• **Plan psychique :** l'aspect affectif est l'élément primaire de notre vie, c'est pourquoi nous connaissons tous bien les problématiques liées au cœur.
C'est ici qu'aboutissent toutes nos réactions émotionnelles, c'est le *centre* de notre être et de notre vie. Il suffit d'observer la richesse d'expressions linguistiques qui comprennent le terme de cœur pour en avoir la preuve : *au fond du cœur*, justement, nous le sentons tous.
Les dysfonctionnements physiques naissent lorsque nous ne voulons pas que nos émotions arrivent jusqu'à notre cœur et qu'elles en altèrent le rythme. Chez ceux qui souhaiteraient n'être guidés que par leur tête et être en pratique « sans cœur », celui-ci se rebelle et les contraint ironiquement à ne s'occuper que de lui et à l'écouter.
La seule façon d'affronter les maladies cardiaques, c'est de laisser tomber le contrôle de soi et de s'ouvrir à l'extérieur ; en effet, la douleur peut nous *briser le cœur*, mais seulement si nous retenons tout à l'intérieur de nous, et nos émotions ne deviennent fortes, au point de finir par nous faire peur, que si nous les avons comprimées trop longtemps.
Dans le cas des éruptions cutanées également, nous tentons de réprimer une émotion qui nous stimule et nous excite. Comme nous ne voulons pas prendre en considération ce qui nous brûle à l'intérieur, notre peau finit littéralement par s'enflammer et éclate en boutons qui servent d'échappatoire à la pression émotive, ou à créer une cuirasse défensive ultérieure, parce que c'est justement une manifestation physique repoussante. Les démangeaisons sont une invitation pressante à rompre cet isolement, car, en se grattant, on en vient à se lacérer la peau et parce qu'on est alors obligé à s'occuper de notre problème et à le reconnaître.
Ceux qui souffrent d'allergie tentent de réprimer leur propre agressivité et en même temps de lutter contre la peur de leur propre sphère sexuelle.
Ce n'est pas un hasard si ce mécanisme s'amorce souvent en même temps que l'apparition des pollens du printemps, lorsque la nature se réveille et se féconde et lorsque notre organisme produit de nouvelles hormones. L'allergique craint de se laisser aller à l'amour et aux caresses et il se défend de toutes ses forces : c'est un véritable combattant qui toutefois n'admet pas son agressivité. Son corps est son champ de bataille infini, étant donné que tout peut devenir son ennemi et entraîner une crise allergique.
Les maladies infectieuses, par contre, naissent lorsque nous voulons réprimer un conflit qui nous fait souffrir mais que nous ne sommes pas encore prêts à éliminer de notre vie.
Nous épuisons toutes nos énergies en tentant de nous convaincre nous-mêmes ou de trouver la force de choisir, à tel point que les agents pathogènes extérieurs trouvent une entrée dans notre système immunitaire. L'organe frappé par l'infection fournit ensuite les indications sur le type de problème.
Une autre façon d'éviter les conflits est celle qu'entreprennent ceux qui souffrent d'altération de la pression sanguine. Avec une pression trop basse, ils veulent démontrer au monde qu'ils sont trop faibles pour affronter la situation ou pour assumer leurs responsabilités.
Celui dont la pression est trop haute, par contre, se met dans la situation imaginaire où il devrait affronter un conflit, mais n'arrive jamais à le faire dans la réalité ; au contraire, il dévie en général son attention sur de faux problèmes, ce qui l'empêche d'utiliser toute son énergie accumulée.

• **Plan spirituel :** siège du 4e chakra. En Anahata sont vécues toutes nos souffrances, ce qui en fait un chakra souvent froid et privé d'énergie. Plus encore que tout autre chakra, il réclame que la personne soit traitée globalement et entièrement. En effet, on peut comparer Anahata à l'axe d'une balance. Sur un des plateaux, on trouve les trois chakra inférieurs et, sur l'autre, les supérieurs. Si le point central est instable, tout le système vacille.
La glande du thymus a d'importantes correspondances au niveau subtil et, lorsqu'elle est activée, elle apporte la joie et la légèreté. Même un enfant sait instinctivement que c'est le centre du courage : en effet, avant de défier quelqu'un, il se tape de manière rythmique sur la cage thoracique, à hauteur du thymus, et dit : « je vais te montrer moi maintenant ! ».

Tournez maintenant doucement le récepteur sur le ventre et commencez à traiter le dos.

Dans la partie postérieure, on peut garder les mains parallèles, ou les aligner et même passer d'une position à l'autre au cours du traitement. Dans tous les cas, les mains doivent éviter de toucher l'épine dorsale et toutes les positions doivent être effectuées pour couvrir tout le dos jusqu'à la hauteur du coccyx.

1re façon de placer les mains sur le dos

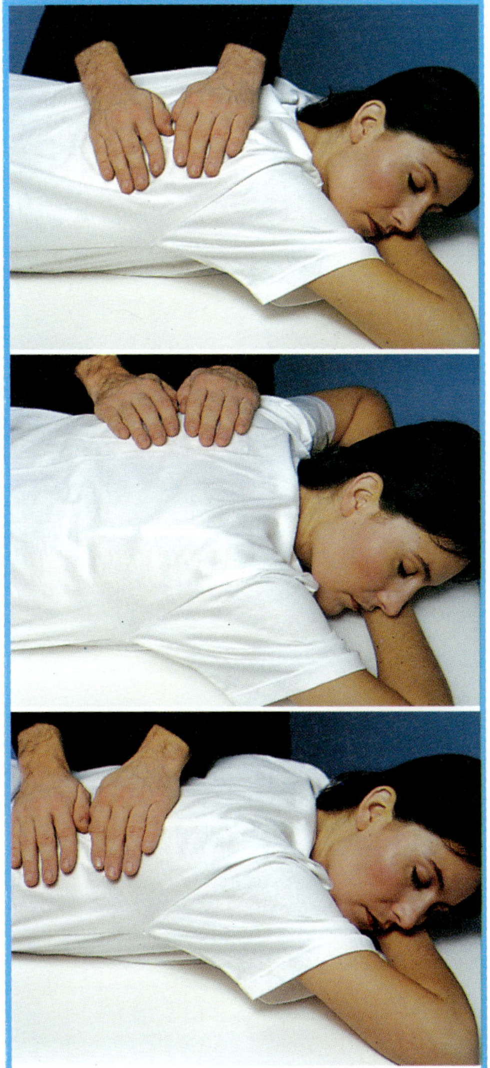

Fig. 24, 25, 26. Partie postérieure.

2e façon de placer les mains sur le dos

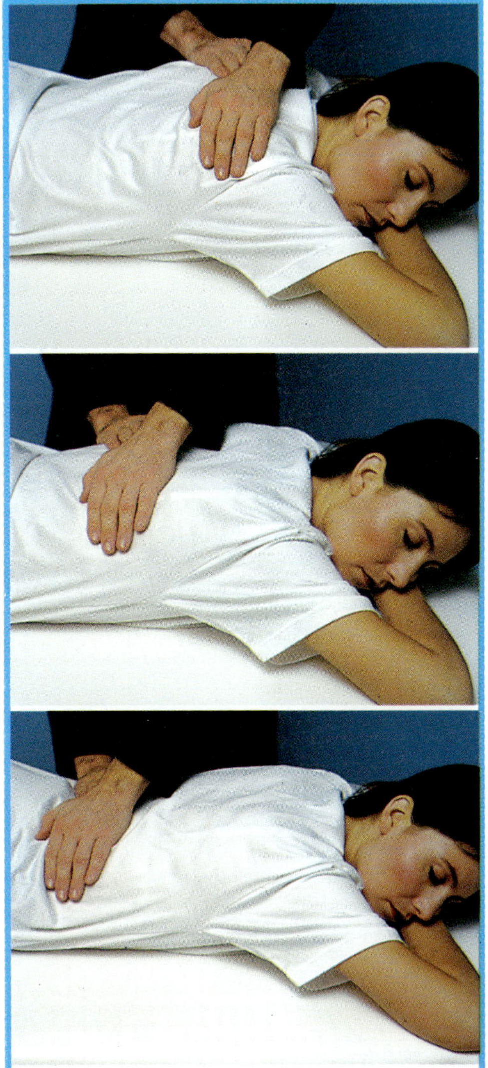

Fig. 27, 28, 29. Partie postérieure.

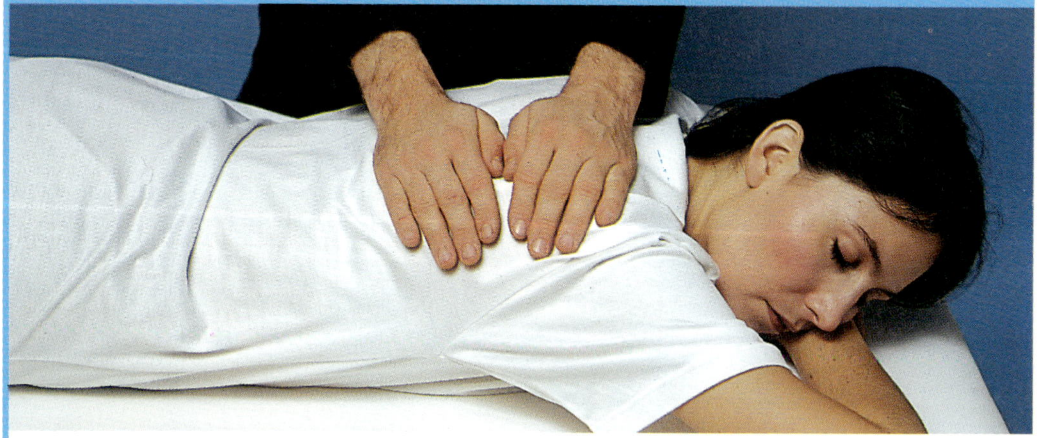

Fig. 30. Partir du haut des épaules

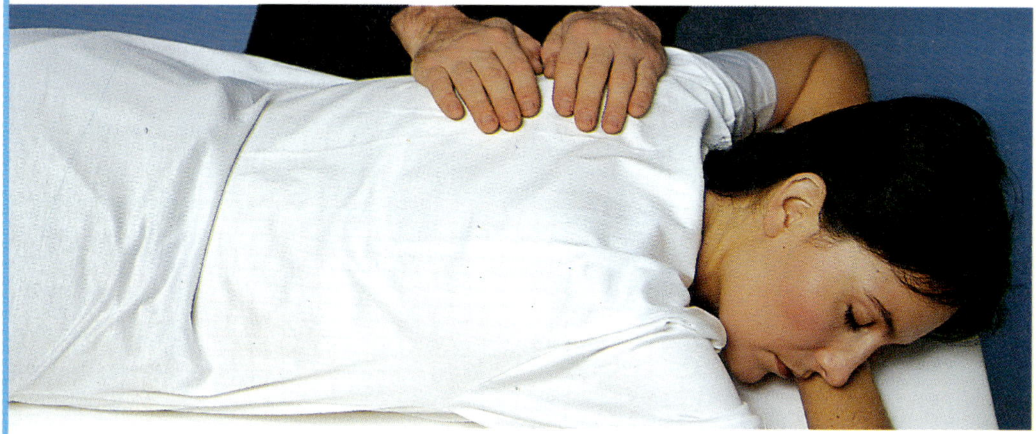

Fig. 31. Même position de l'autre côté du corps

• **Plan physique :** rhume, grippe, bronchites, pneumonies, asthme (voir « bronches », fig. 15) et tout type d'infection des voies respiratoires. Les fumeurs rentrent également dans cette catégorie.

• **Plan psychique :** à la naissance, nous nous détachons de notre mère par la respiration et commençons notre vie individuelle qui coïncide aussi avec le fait de se mettre en relation avec le monde. En effet, pour respirer, nous devons nous ouvrir à l'extérieur et entrer en contact avec ce qui est différent de nous voire même nocif, comme les agents pathogènes. Au niveau psychologique, la correspondance est littérale : les poumons représentent notre capacité d'être en rapport avec les autres, en maintenant en même temps notre liberté et notre autonomie. Cela se base sur notre capacité de prendre et de donner : exactement comme dans la respiration, qui est essentiellement un processus d'échange oxygène/gaz carbonique, tant au niveau des voies aériennes qu'au niveau cellulaire. Quelqu'un qui fume par exemple ne se sent pas libre d'être lui-même lorsqu'il cherche à communiquer avec les autres. Il a très envie de contacts et d'amour et, en même temps, il est jaloux de son indépendance et ne réussit donc pas vraiment à établir un vrai rapport d'échange. La cigarette devient une forme de compensation de son insatisfaction et une façon de se punir. Lorsque ces contradictions arrivent au point de crise, lorsqu'on n'en peut vraiment plus, les voies respiratoires développent des processus inflammatoires.

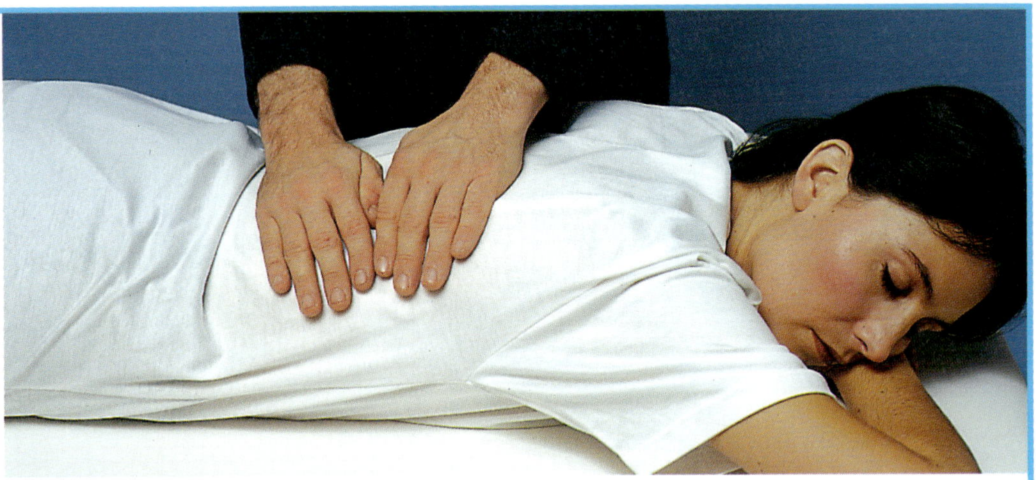

Fig. 32. *Déplacer une main après l'autre, et éviter de traiter l'épine dorsale*

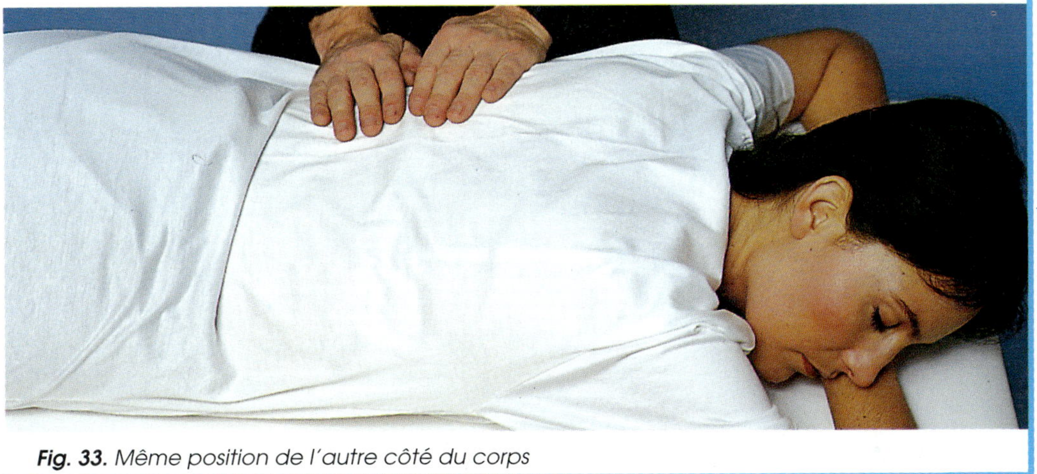

Fig. 33. *Même position de l'autre côté du corps*

Bien que sous forme légère, même le rhume et la grippe sont des symptômes d'une surcharge émotive : la psyché réclame une trêve et le corps obéit. Il s'agit entre autres de désordres qui ne favorisent pas le contact avec les autres, cherchant même à les éloigner en se servant de l'agressivité, même dissimulée, de la toux et des éternuements. De leur côté, les autres personnes évitent volontiers les personnes enrhumées, ce qui fait qu'on peut tranquillement se consacrer à soi.

• **Plan spirituel :** position reliée au 4ᵉ chakra, Anahata.
Dans toutes les traditions religieuses, la respiration est déterminante pour l'évolution spirituelle ; dans la Bible, par exemple, ce n'est que grâce au souffle divin que l'homme, créature terrestre, se transforme en âme vivante[2]. En Orient, la discipline de la respiration est connue sous le nom de Pranayama. Le contrôle de l'air ne permet pas seulement de gouverner les flux de prana en nous et de les transmettre en tant qu'énergie de guérison, mais il permet aussi d'intervenir sur des plans subtils et d'altérer nos états de conscience jusqu'à l'illumination suprême : « l'esprit peut être calmé par l'expulsion et la rétention de la respiration (prana) »[3].

2. Genèse, II, 7.

3. *Aphorismes Yoga de Patanjali*, partie I, 34, Rome, 1984.

Dos

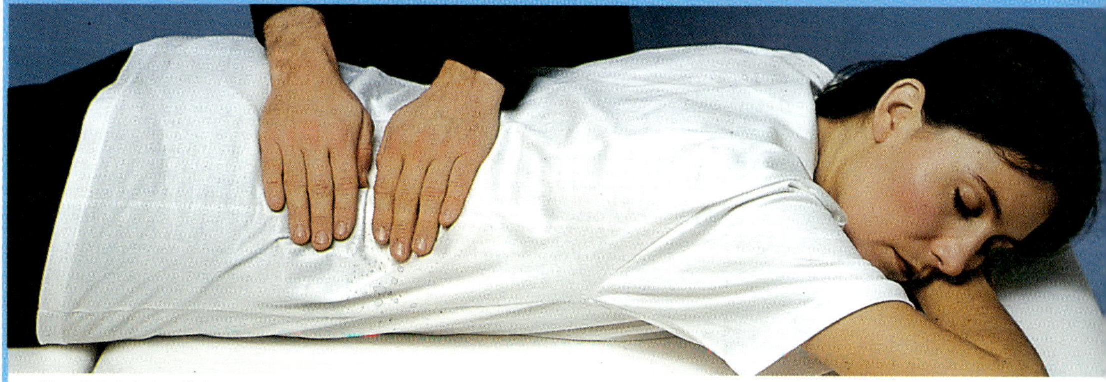

Fig. 34. *Mains à la hauteur du foie. Pour les explications, voir « foie », fig. 16*

Reins

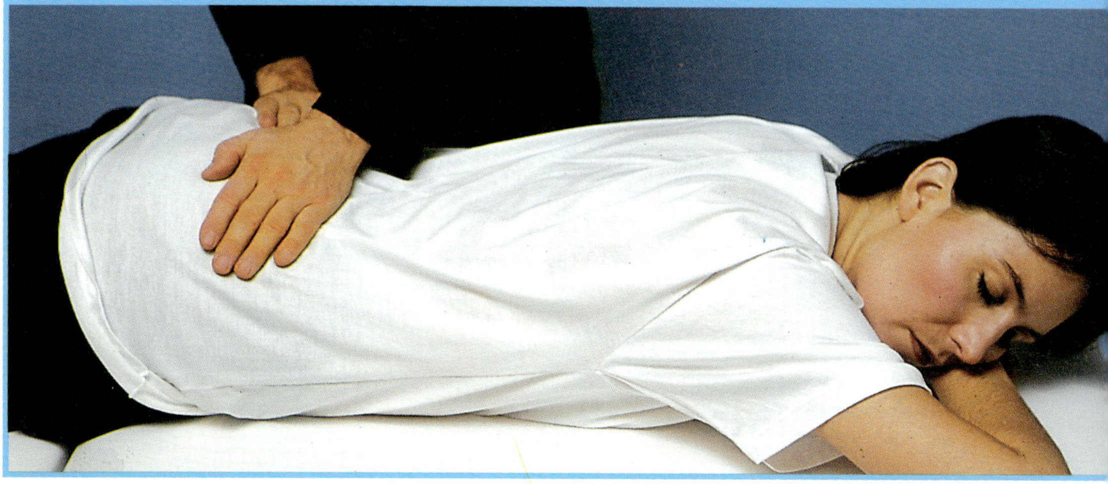

• **Plan physique :** tout type de dysfonctionnement des reins, troubles du renouvellement hydrique, cystites, scléroses, calculs rénaux.

• **Plan psychique :** les reins représentent notre capacité de socialisation et de nous rapporter aux autres, en particulier dans la vie de couple. De leur fonctionnement dépendent l'identification et le filtrage des déchets corporels, ainsi que l'équilibre acido-basique du corps. Sur le plan psychique, cela correspond à nos efforts pour connaître et intégrer les parties les plus dissimulées de notre inconscient et nos polarités masculine/féminine. Pour ce faire, il faut rencontrer son double, de même que les reins sont deux. En effet, pour se connaître, l'être humain a besoin de se projeter vers l'extérieur, exactement comme lorsqu'il utilise un miroir pour voir son propre visage. C'est un stratagème indispensable car, en nous, le mécanisme de la connaissance exige la séparation entre le sujet et l'objet : même pour connaître Dieu, qui est en nous, nous avons besoin de le rencontrer. Dans le rapport de couple, et plus généralement dans tout rapport social, nous reflétons sur les autres des parties de nous-mêmes dont nous voudrions prendre conscience : ce sont nos zones d'ombre, notre inconscient. En amour surtout, nous avons des occasions inespérées de travailler sur nous-mêmes, car il

Dos

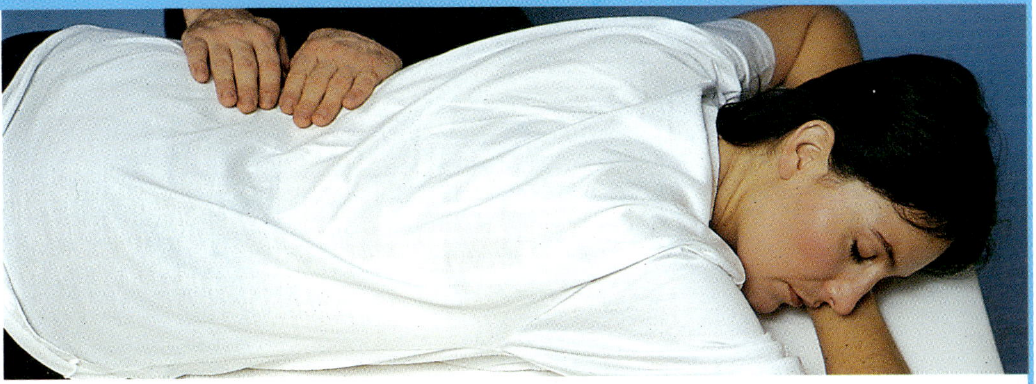

Fig. 35. *Mains à la hauteur de la rate. Pour les explications, voir « rate », fig. 17*

Reins

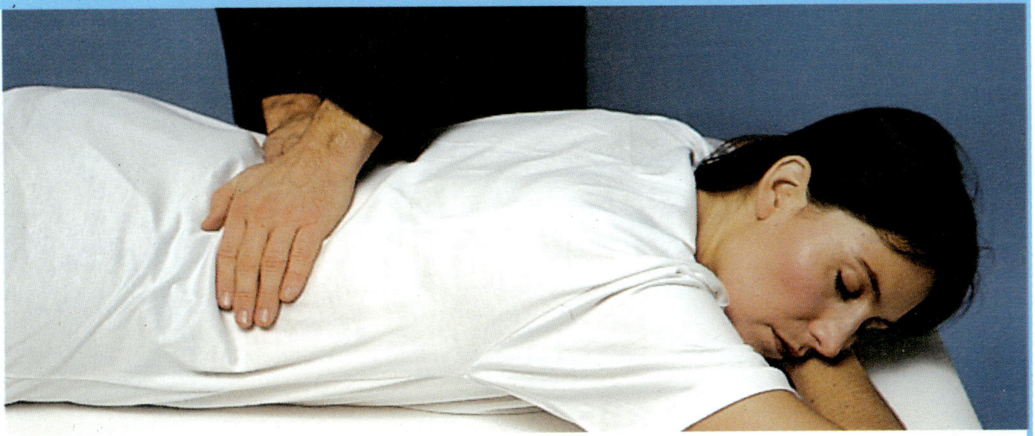

Fig. 36, 37. *Zone du dos correspondante aux reins*

semble que nous tombions toujours amoureux des personnes qui sont notre exact contraire. Paradoxalement donc les contrastes avec le partenaire sont plus utiles, surtout si on les utilise de manière consciente, que les relations faciles entre êtres semblables. Le danger, lorsqu'il y a contraste, est la tendance à accuser l'autre, sans prendre conscience de tout ce qui existe en commun ; on finit de cette manière par clore le rapport, pour ensuite en reprendre un autre, identique, que l'on vivra comme un film déjà vu. Le but des relations devrait être de devenir des personnes complètes et intègres, ouvertes consciemment à l'amour, mais cela ne dépend pas du partenaire.

Lorsque les reins ne fonctionnent pas bien, c'est le signe que quelque chose est en train d'émerger, que nous ne réussissons pas à affronter avec nos stratégies de communication habituelles. Souvent cela se produit en même temps qu'un changement radical de vie et de relation avec les autres ou avec son partenaire dans le couple.

• **Plan spirituel :** les reins sont reliés directement au 1er et au 2e chakra et dans certains cas, les douleurs sont liées à la partie abdominale antérieure et non dorsale. Le renouvellement hydrique dépend également du 6e chakra.

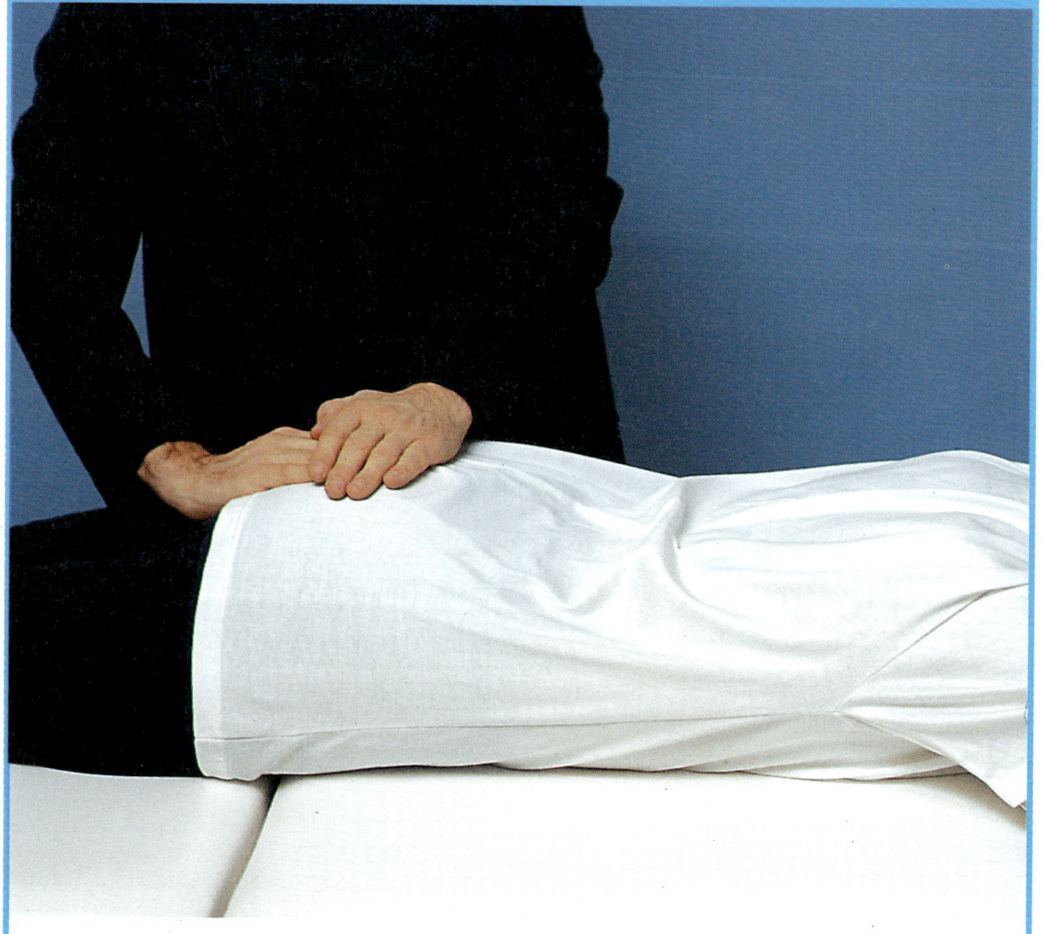

Fig. 38. Poser une main à la base des fesses et, avec la paume, exercer une pression vers le haut sur l'os sacré. Poser l'autre main sur la première afin de former un T

• **Plan physique :** les mêmes indications que pour le « pubis » en fig. 20 sont valables. En particulier, dans cette position, on apporte de l'énergie à la colonne vertébrale et on agit sur le système nerveux autonome. Dans la région sacrale, en effet, les terminaisons nerveuses de la division parasympathique inférieure se déploient, irriguant le rectum, la vessie et les organes génitaux externes.

• **Plan psychique :** les mêmes indications que pour le « pubis » en fig. 20 sont toujours valables. Lorsque le manque d'harmonie psychologique est somatisé au niveau osseux, cela signifie que le problème a des origines très profondes, au point de miner la structure même de l'être. Dans de nombreux cas, ce problème a déjà tenté de se manifester en attaquant les organes internes ou les tissus ; ainsi, par exemple, avant une hernie des disques lombaires, on a eu des coliques, des hémorroïdes, des flatulences, etc. Si l'on ne veut rien changer dans sa vie, on peut choisir de soulager ces symptômes en ayant recours à la médecine allopathique et se voiler ainsi la face. Cela peut être suffisant pendant un certain temps, mais, inévitablement, on sera ensuite contraint de faire face aux conséquences bien plus graves. En effet, lorsque le problème arrive aux os, il faut effectuer des choix drastiques et des déblocages radicaux.

• **Plan spirituel :** zone du 1er chakra, Mûlâdhara (voir également « pubis », fig. 20).

Nuque-coccyx

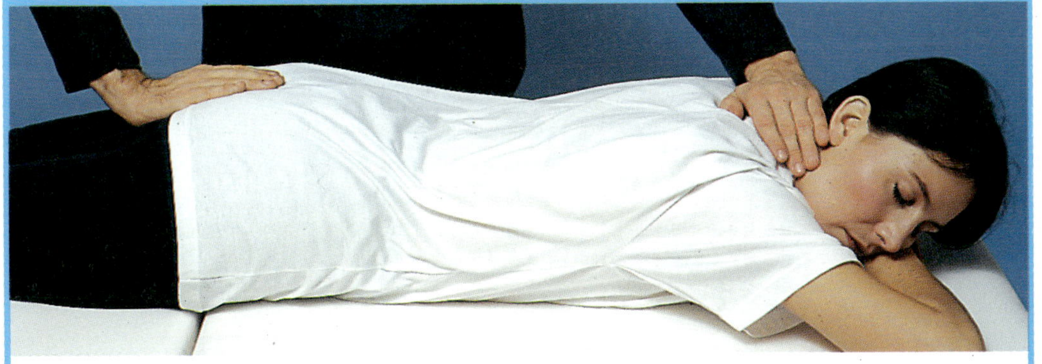

Fig. 39. Garder une main sur l'os sacré et déplacer l'autre vers la nuque, sur le cervelet. Il faut conserver cette position jusqu'à ce que les deux mains aient la même sensation

• **Plan physique :** problèmes de la colonne vertébrale, altérations du métabolisme ou de l'humeur (voir « nuque » et « coccyx », fig. 10 et 38).
On agit en même temps sur la division orthosympathique du système nerveux autonome, et sur l'épine dorsale qui, avec l'encéphale, forme le système nerveux central.
La division orthosympathique est composée de deux chaînes ganglionnaires reliées au centre de l'hypothalamus et situées de chaque côté de la colonne vertébrale. Les ganglions sont au contact de tous les organes du corps et ils agissent sur eux au travers de la médiation chimique de l'adrénaline et de la noradrénaline.

• **Plan psychique :** en cas de forte instabilité émotive et de problèmes provenant de situations difficiles, les deux points donnent des réactions très différentes entre elles, ce qui fait que l'une des mains pourrait être bouillante et l'autre froide. Souvent, on ressent un véritable courant qui se déplace très vite d'une main à l'autre, jusqu'à ce qu'un point d'équilibre soit trouvé, où les mains ressentiront la même sensation. C'est une position qui peut se révéler difficile à tenir car le corps de l'opérateur fait fonction de pont extérieur et d'axe de balance énergétique entre les deux parties.

• **Plan spirituel :** cette position ramène l'équilibre du fonctionnement des parties orto/et parasympathiques du système nerveux autonome, ou pour utiliser un parallélisme, entre nos composantes Yin et Yang. Par conséquent, elle engendre un sentiment profond de bien-être physique et d'harmonie.

Genoux postérieurs

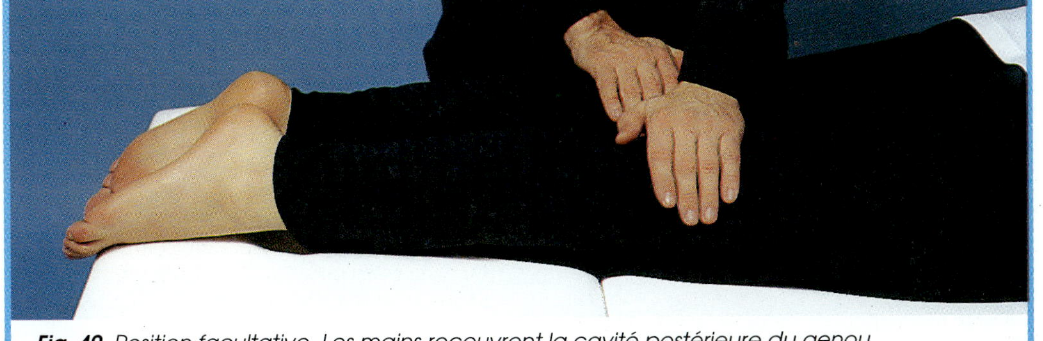

Fig. 40. Position facultative. Les mains recouvrent la cavité postérieure du genou

Les mêmes indications que pour les « genoux », fig. 21, sont valables ici.

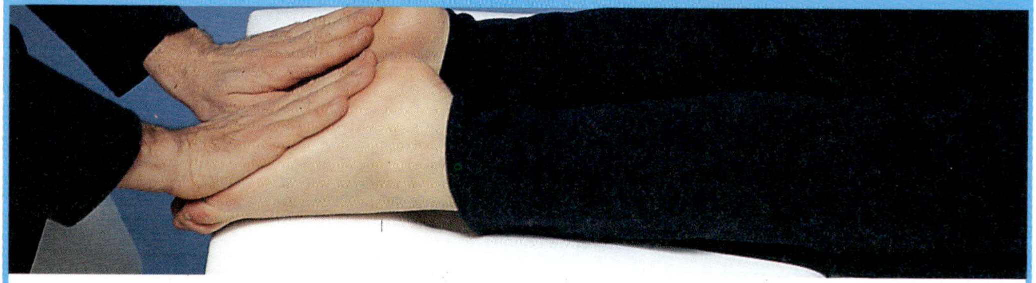

Fig. 41.

• **Plan physique :** les mêmes indications que pour le « pubis » et les « genoux » en fig. 20 et 21 sont valables. En particulier, pour les problèmes aux pieds et aux jambes. Les pieds contiennent les points de réflexion de toutes les parties du corps ; en les traitant, on soigne donc l'ensemble de l'organisme.

• **Plan psychique :** les mêmes indications données pour le « pubis » et les « genoux », fig. 20 et 21, sont toujours valables.
Lorsque les pieds sont toujours froids, c'est signe d'une activité mentale et d'une tension trop importantes ; on vit constamment contracté et sur la défensive, car on est convaincu de devoir affronter le monde avec toutes nos forces. On ne vit que de façon partielle son aspect physique et, souvent, la sexualité est inhibée ou immature.

• **Plan spirituel :** la balance des chakra (voir pages 57 à 65) et aussi la position « nuque-coccyx » sont précieux en cas de problèmes aux pieds. Le chakra de référence est Mûlâdhara.

LA FIN DU TRAITEMENT

À la fin du traitement, **caressez encore une fois l'aura au moins à 3 reprises**, puis **fermez le contact** avec le Reiki, en formulant mentalement votre **remerciement**.
Si possible, laissez le récepteur libre de revenir à lui quand il se sentira prêt. Sinon, réveillez-le et appelez-le doucement vers le présent.

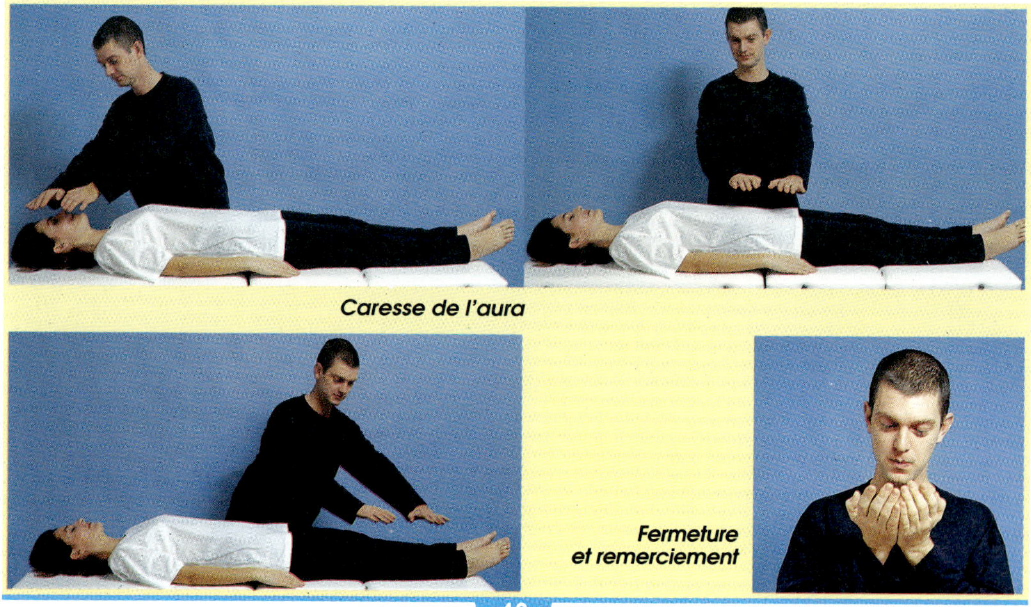

Caresse de l'aura

Fermeture et remerciement

Le seul fait de pouvoir se traiter seul serait un bon motif de recevoir les activations Reiki. Utilisé quotidiennement, l'autotraitement est un allié précieux pour se recharger en Énergie et affronter sereinement les problèmes, tout en étant un instrument de prévention efficace. Il est adapté à n'importe quel type de pathologie mais, afin qu'il puisse agir, il faut surtout se concéder un laps de temps suffisant pour apprécier la relaxation profonde entraînée par le Reiki. En effet, on s'endort assez souvent et, dans ce cas, il faut se souvenir au réveil de rompre le contact avec le Reiki et de remercier.
Comme on le voit sur les photos, les positions de base sont celles des sept chakra principaux, mais rien n'interdit de traiter une quelconque partie du corps, si on en ressent le besoin. Avec le Reiki, on transforme le geste instinctif de poser les mains sur les parties douloureuses de son corps, en une attitude consciente, et on en augmente donc l'efficacité.
Même si l'on ne fait pas le rééquilibrage du cœur, il peut nous arriver de sentir nos mains réagir au contact de notre corps ; c'est la preuve que l'Énergie du Reiki est toujours présente en nous et qu'elle s'active indépendamment de notre volonté, uniquement parce qu'on en a besoin. Cette sorte de check-up involontaire et permanent nous invite constamment à la réflexion et à la prise de conscience. Avec le temps, on finit par dresser une véritable carte de nous-mêmes.
En ce qui concerne les explications des positions, nous vous renvoyons aux positions correspondantes du traitement complet, car il n'y a pas de différences.
Comme on peut le deviner, la caresse de l'aura ne figure pas, tandis que le rééquilibrage du cœur et la fermeture-remerciement sont toujours présents.

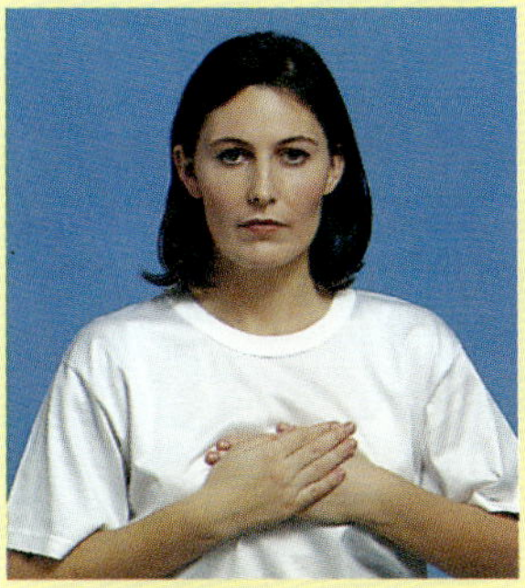

Rééquilibrage du cœur

Fig. 42. 7e chakra. *Les mains sont parallèles sur le sommet de la tête, les doigts tournés vers la nuque*

Fig. 43. 6e chakra. *Les mains sont sur les yeux, légèrement soulevées*

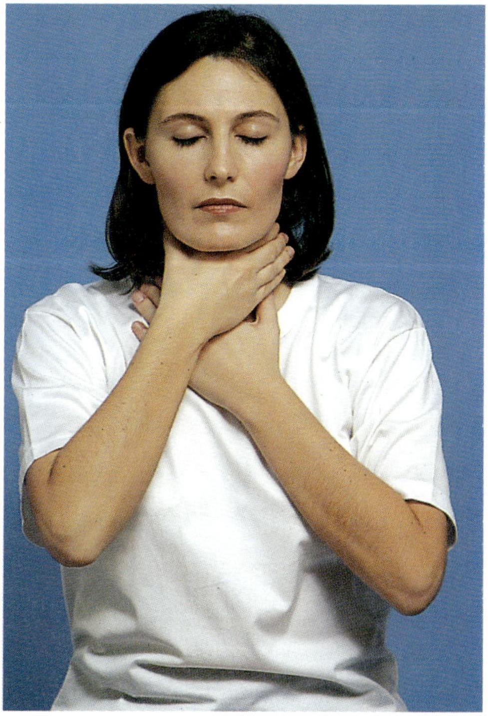

Fig. 44. 5e chakra. *D'une main, on saisit la base du cou, tandis que l'autre recouvre la gorge*

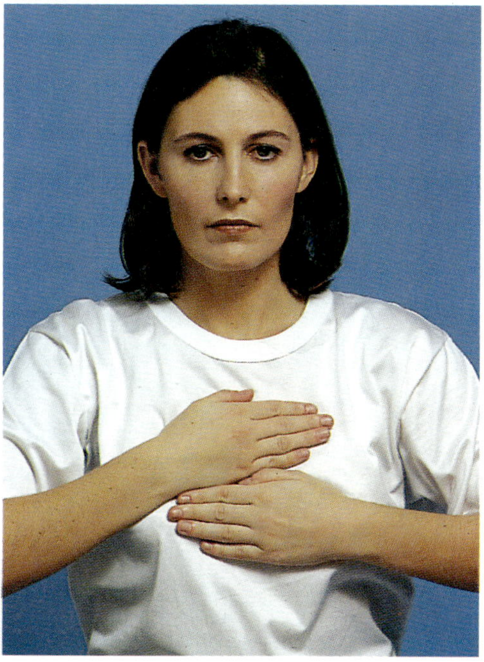

Fig. 45. 4e chakra. *On pose les mains parallèles sur la poitrine, à la hauteur du cœur*

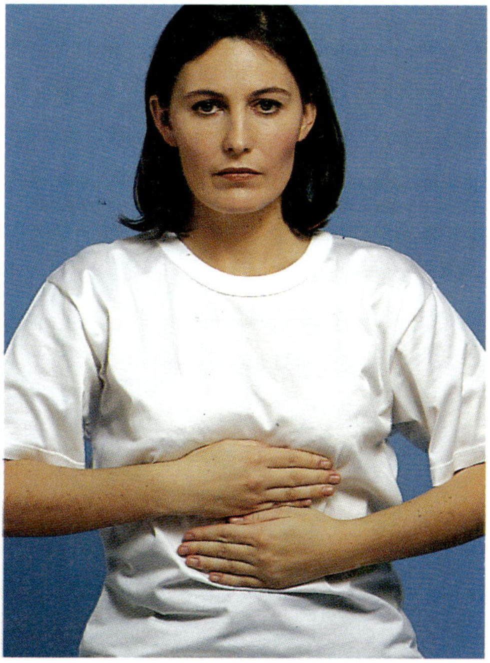

Fig. 46. 3e chakra. *En descendant, on les déplace sur la zone de l'estomac*

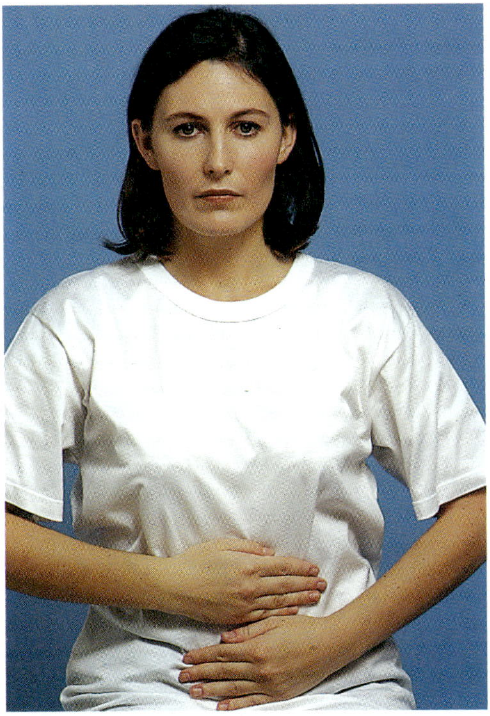

Fig. 47. 2e chakra. *S'agissant du ventre, la main la plus haute recouvre le nombril*

Fig. 48. 1er chakra. *Les mains forment un V, la pointe des doigts tournée vers le pubis*

Tout de suite après, on ferme le contact avec le Reiki et on remercie le Cosmos.

LE TRAITEMENT RAPIDE

Il s'agit d'un traitement qui stimule les sept chakra principaux, en partant du 7e, Sahasrâra, pour finir au 1er, Mûlâdhara. On emploie seulement 20 minutes pour l'effectuer et il est donc indiqué surtout dans les situations d'urgence, où il faut intervenir rapidement. On l'utilise généralement lorsqu'on n'a pas le temps de faire un traitement complet ou avec les enfants et les personnes âgées, pour les habituer graduellement à l'Énergie du Reiki. Il est particulièrement utile pour les déséquilibres émotionnels et psychiques et en tant que phase complémentaire des traitements localisés. Pour ce traitement, **il est préférable que l'opérateur se place à la droite du récepteur**, mais ce n'est pas une règle absolue.

Rééquilibrage du cœur

La caresse de l'aura est faite comme d'habitude, en partant de la tête et en déchargeant vers les pieds ; répété plusieurs fois, devant, derrière et sur les côtés, ce simple geste est capable de nettoyer efficacement le corps subtil et de donner au récepteur une sensation de bien-être. À la fin du traitement, on peut pratiquer la caresse usuelle de l'aura, suivant le mouvement inversé, c'est-à-dire des pieds vers la tête ; cette caresse à « rebrousse-poil » sert à recharger les sujets affaiblis, avec peu de tonus vital, en utilisant les énergies recueillies de la terre.

Fig. 49, 50, 51. Caresse de l'aura. *On part de la tête et on descend jusqu'aux pieds en suivant les contours du corps en s'écartant d'environ 20 à 30 cm. On recommence plusieurs fois, devant, derrière et sur les côtés, en faisant attention à ne pas passer les mains sur le corps du récepteur durant la phase de retour*

Fig. 52. 7e chakra. *Placé à droite du récepteur, on pose les mains parallèles au sommet de la tête, avec les pouces parallèles*

Fig. 53. 6e chakra. *Une main recouvre les yeux et l'autre, à la même hauteur, se trouve sur la partie postérieure de la tête*

Fig. 54. 5e chakra. *Les deux mains embrassent la base du cou sans la serrer*

Fig. 55. 4e chakra. *Une main est posée sur la poitrine, à la hauteur du cœur, et l'autre est au centre du dos, au même niveau*

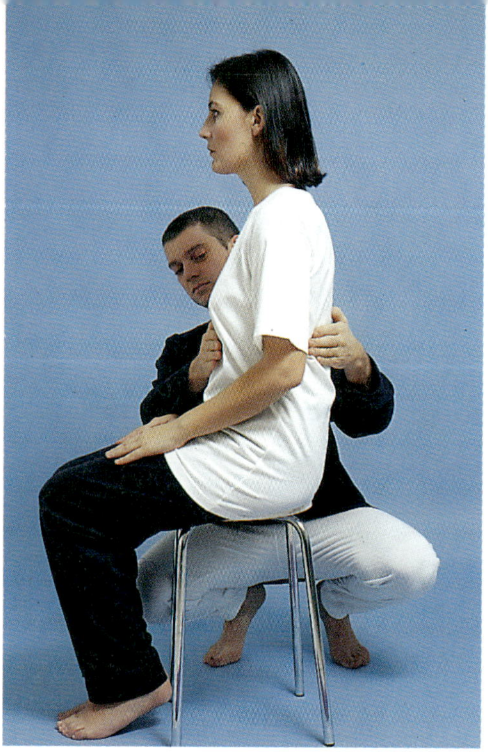

Fig. 56. 3e chakra. *En déplaçant une main à la fois, on se place au niveau de l'estomac et sur la zone correspondante dans le dos*

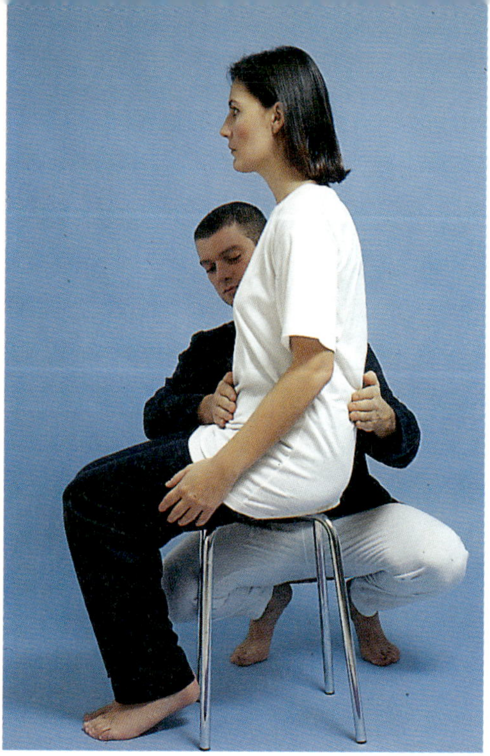

Fig. 57. 2e chakra. *Toujours en déplaçant une main après l'autre, on commence à traiter le ventre*

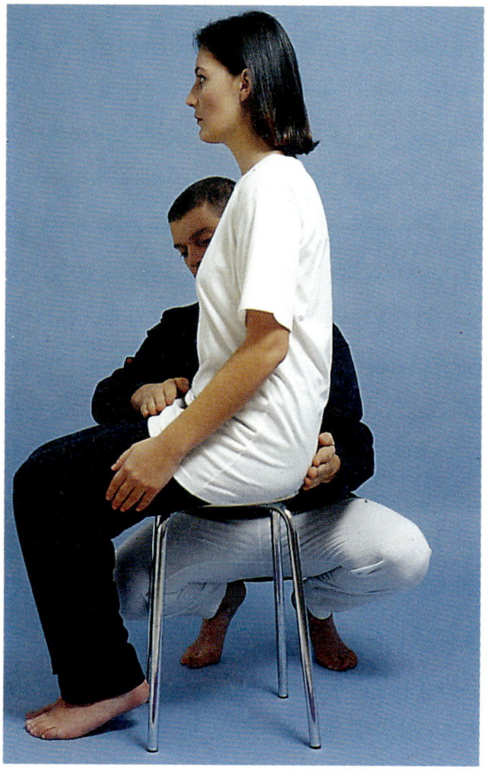

Fig. 58. 1er chakra. *La main qui traite la partie antérieure peut rester soulevée*

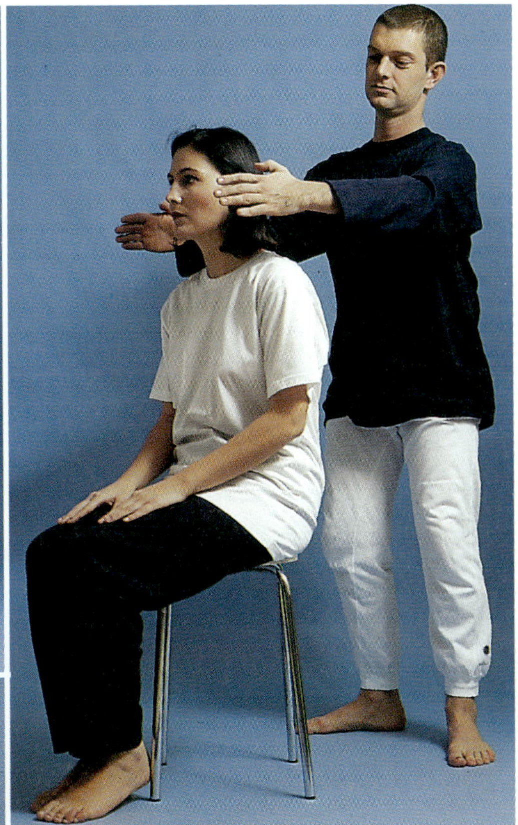

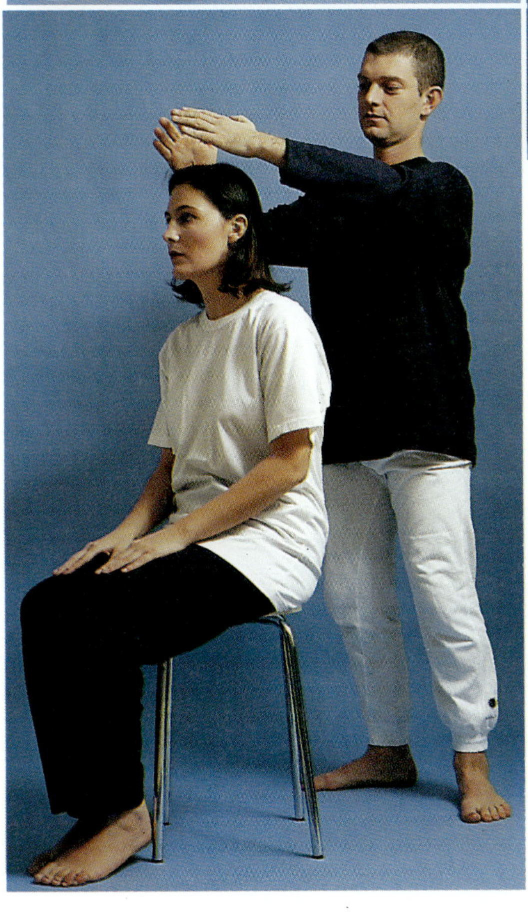

Fig. 59, 60, 61. Caresse de l'aura de bas en haut. *Recommencée plusieurs fois, elle donne au récepteur une sensation tonifiante et régénératrice*

Fermeture et remerciement

LE TRAITEMENT DE GROUPE

On trouve deux sortes de traitement de groupe :

• Dans le premier, nous avons plusieurs opérateurs qui agissent sur un seul récepteur. On se dispose en cercle autour de lui et chacun pose ses mains sur une partie de son corps. Bien sûr, on ne suit plus la séquence des positions, car on intervient tous en même temps. Suivant le nombre d'opérateurs, chacun d'entre eux traitera une ou deux positions : il suffit de se mettre d'accord ensemble avant de commencer. On reste environ une dizaine de minutes sur la partie antérieure, et autant sur la postérieure, mais si le récepteur présente des réactions émotives particulières, il vaut mieux continuer jusqu'à ce que la situation soit stabilisée.

C'est un traitement très utile lorsqu'une décharge puissante d'Énergie est nécessaire, et surtout pour les maladies graves et complexes, qu'elles soient chroniques ou aiguës. Je la conseille particulièrement dans les cas de dépression.

• La deuxième sorte de traitement s'effectue en se mettant en cercle, les mains posées sur les épaules de la personne qui nous précède. En faisant Reiki de cette façon, on reçoit et on transmet en même temps et on en tire une sensation de joie et de bien-être très particulière. Cela sert en particulier à harmoniser entre elles les différentes composantes du groupe.

L'IDÉOGRAMME DU REIKI

L'ÉQUILIBRAGE DES CHAKRA

Comme nous l'avons déjà dit, le fonctionnement des chakra se ressent de nos états d'âme et reflète notre niveau d'évolution. Par conséquent, le système des chakra n'est que rarement équilibré. Avec ce type de traitement, nous avons la possibilité de recréer et de maintenir l'harmonie dans tout notre être tout en apportant une forte impulsion à la croissance intérieure.
Il existe trois méthodes différentes d'équilibrage des chakra :

• Dans la **première méthode**, les mains sont sur les chakra correspondants entre eux, c'est-à-dire : 6e et 1er ; 5e et 2e ; 4e et 3e.

• Dans la **deuxième méthode**, l'une des mains fait fonction d'axe fixe sur le 3e chakra, tandis que l'autre se déplace progressivement vers le haut, du 1er au 6e chakra.

• Dans la **troisième méthode**, on garde une main fixe sur le 6e chakra, et on traite les autres chakra les uns après les autres, en partant toujours du 1er, Mûlâdhara.

Dans tous les cas, on exclut Sahasrâra, qui est en relation avec le monde cosmique et n'a donc pas besoin d'être rééquilibré.

On trouvera d'autres détails sur les traitements dans les tableaux des pages 22 et 23.

1re MÉTHODE

Rééquilibrage du cœur

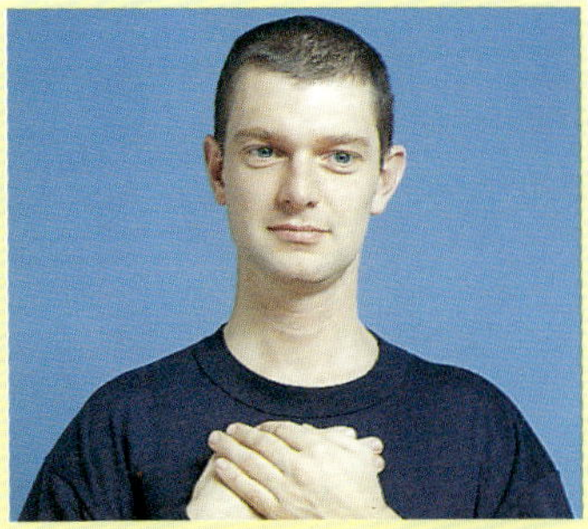

Caresse de l'aura. *On part mains parallèles sur la tête et on descend jusqu'aux pieds, en suivant les contours du corps à une distance d'environ 20 à 30 cm. On recommence au moins 3 fois en faisant attention à ne pas passer les mains sur le corps du récepteur durant la phase de retour*

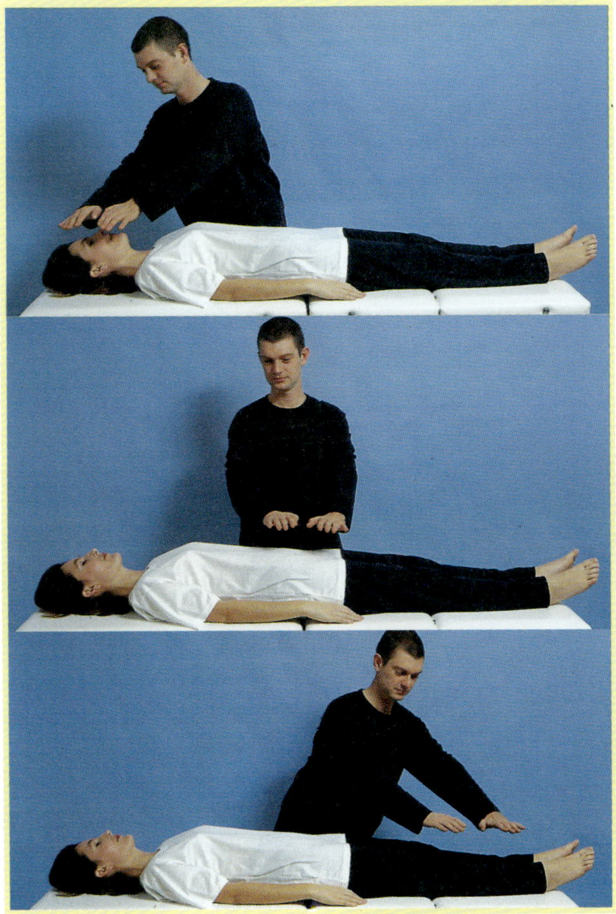

Fig. 62. 6e-1er chakra. *Une main reste sur les yeux et l'autre sur le pubis, les deux légèrement soulevées*

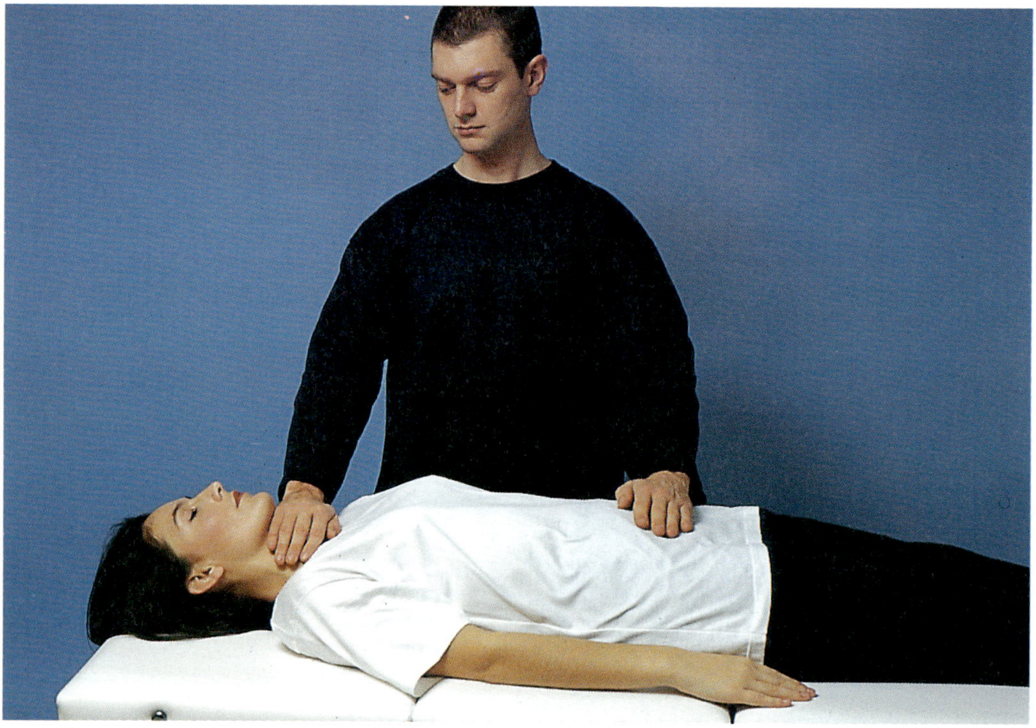

Fig. 63. 5e- 2e chakra. *En déplaçant une main après l'autre, on se place sur la gorge et sur le ventre*

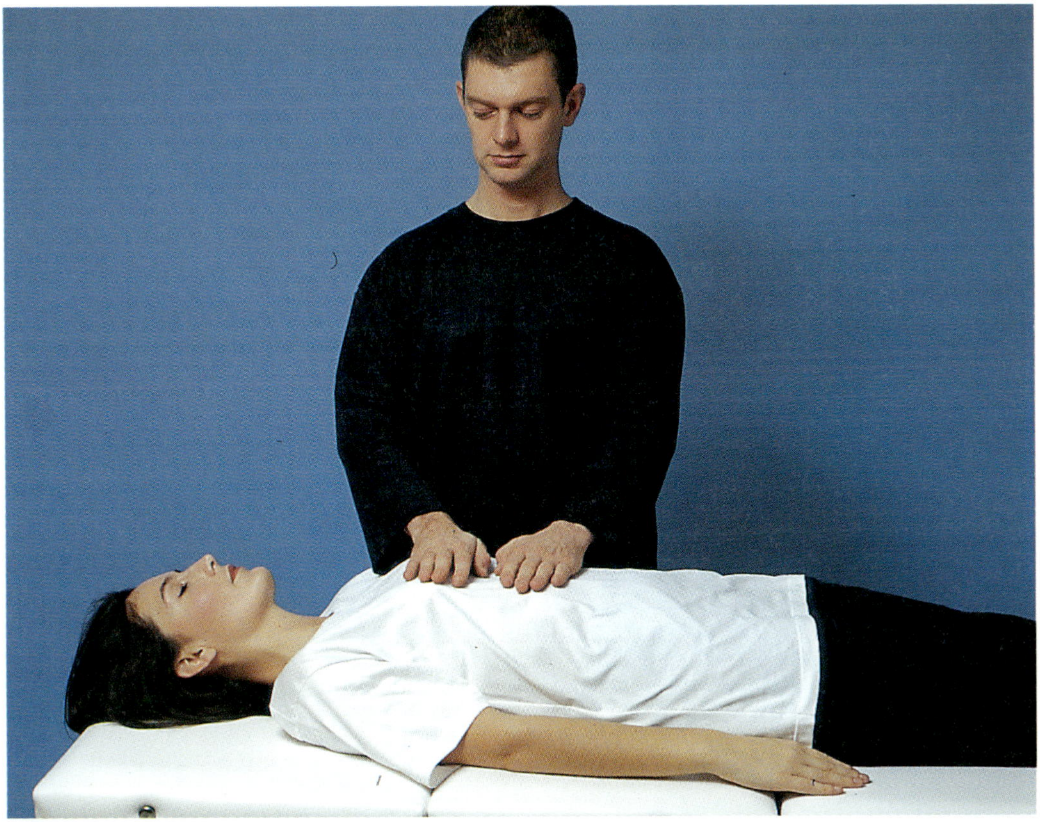

Fig. 64. 4ᵉ- 3ᵉ chakra. On conclut avec une main posée sur le sternum, à la hauteur du cœur, et l'autre sur l'estomac

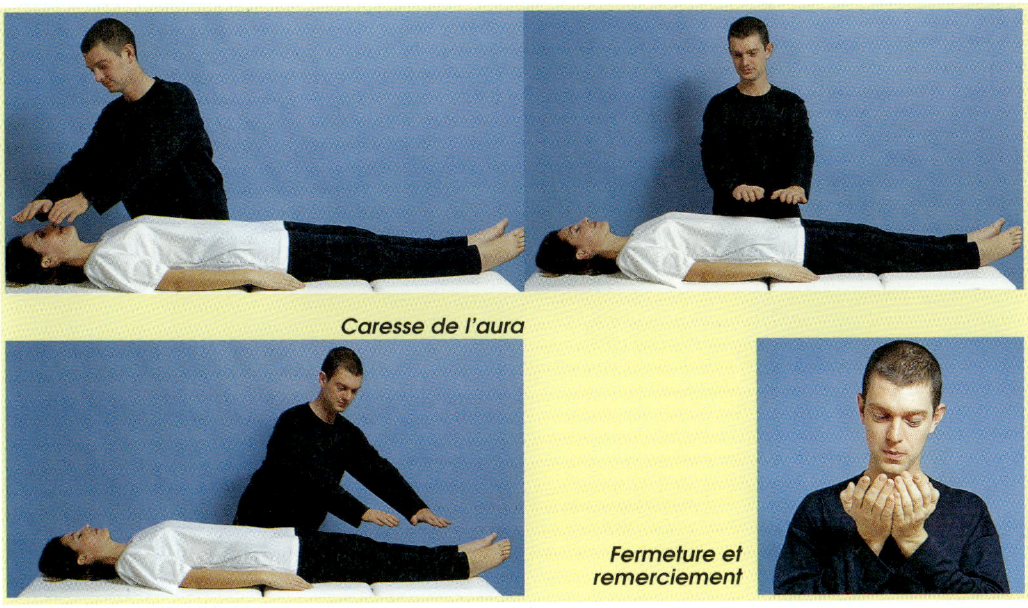

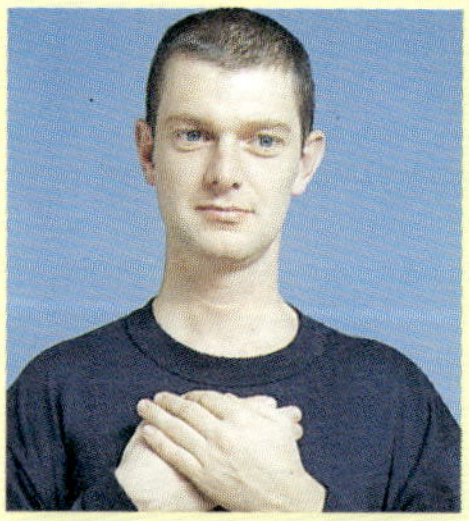

Rééquilibrage du cœur

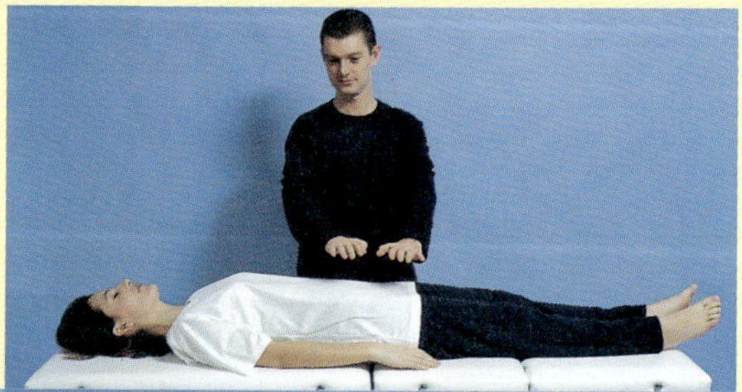

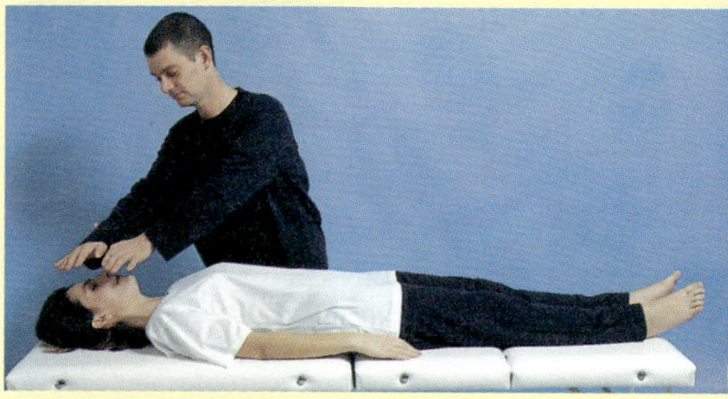

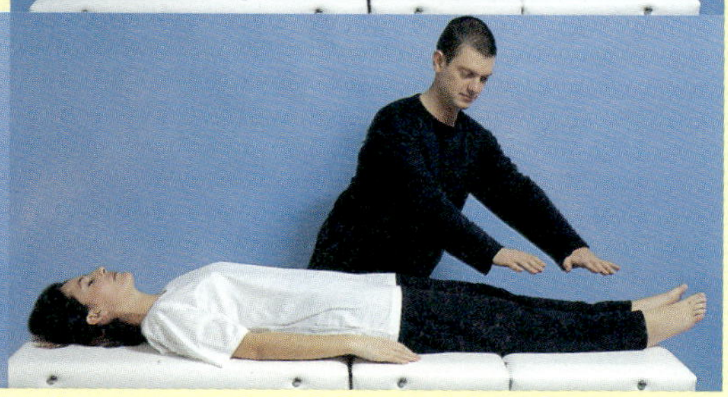

Caresse de l'aura. *On part mains parallèles au-dessus de la tête et on descend vers les pieds, en suivant les contours du corps en s'écartant de 20 à 30 cm environ. On recommence au moins 3 fois, en faisant attention à ne pas passer les mains sur le récepteur durant la phase de retour*

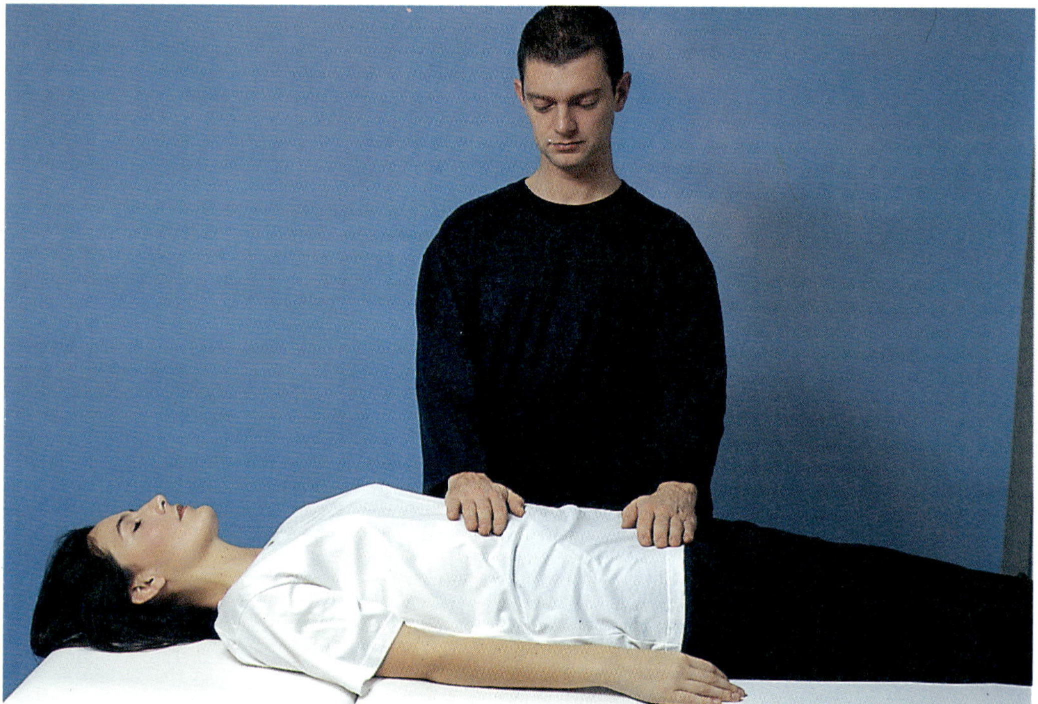

Fig. 65. 3e-1er chakra. *Une main est sur l'estomac, l'autre sur le pubis*

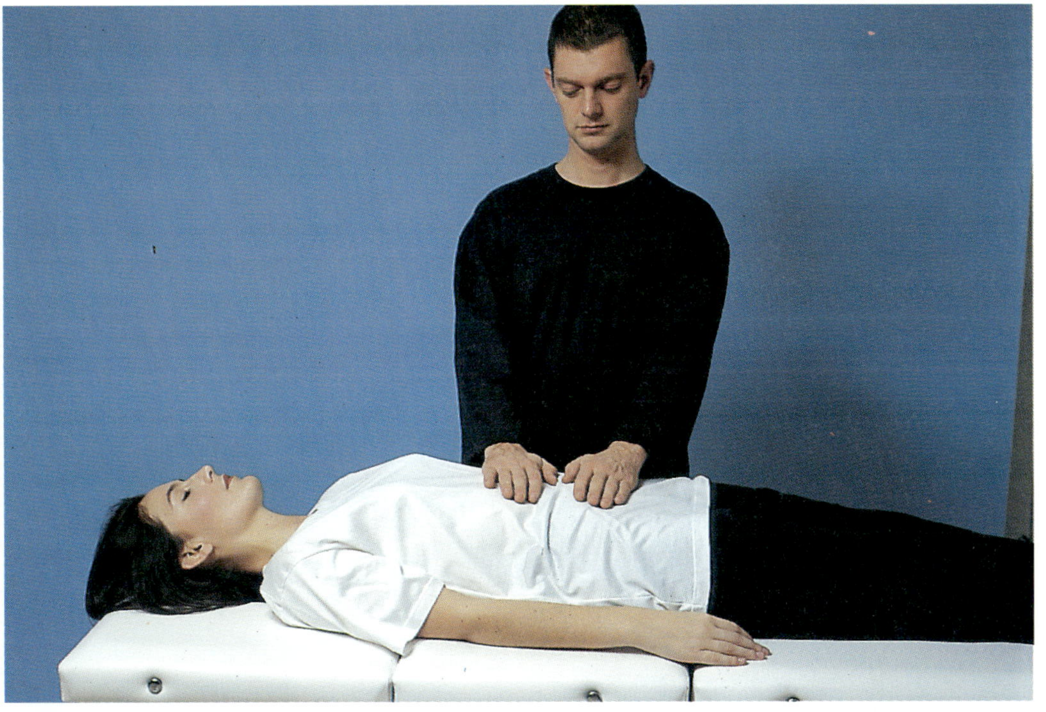

Fig. 66. 3e- 2e chakra. *La main posée sur l'estomac ne bouge pas tandis que l'autre remonte vers le ventre*

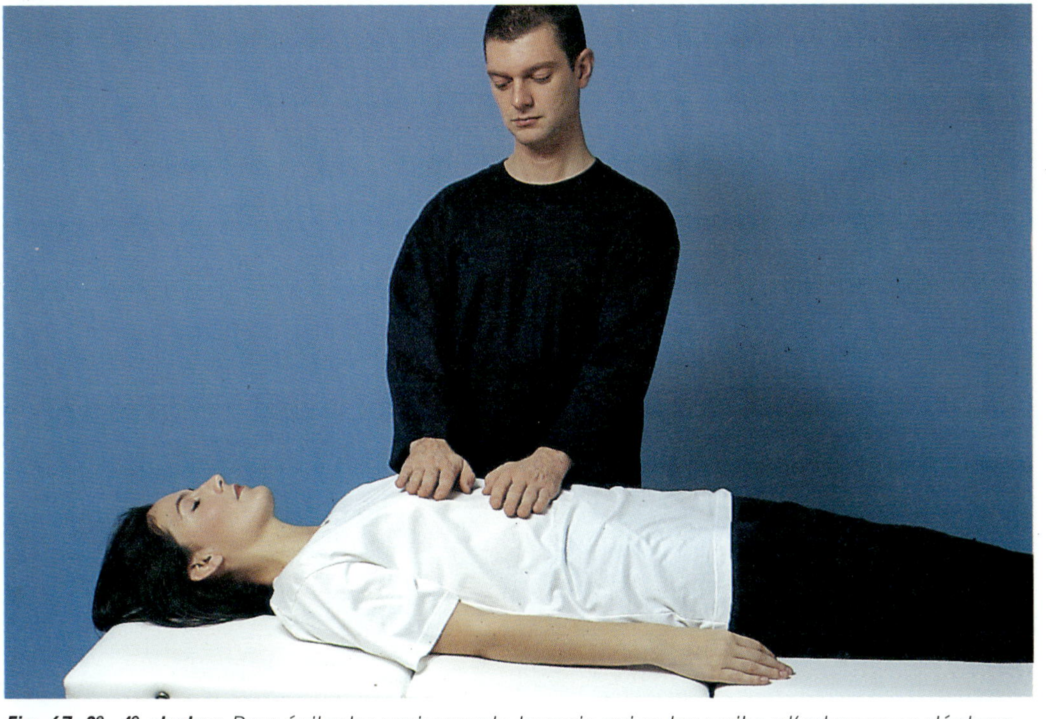

Fig. 67. 3e- 4e chakra. *Pour éviter les croisements, la main qui se trouvait sur l'estomac se déplace sur le cœur et l'autre main prend sa place*

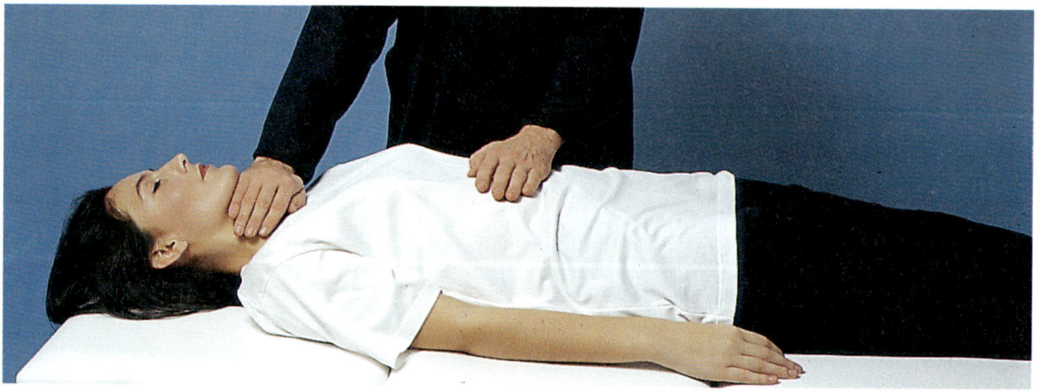

Fig. 68. 3e- 5e chakra. La main posée sur l'estomac reste immobile tandis que l'autre remonte vers la gorge

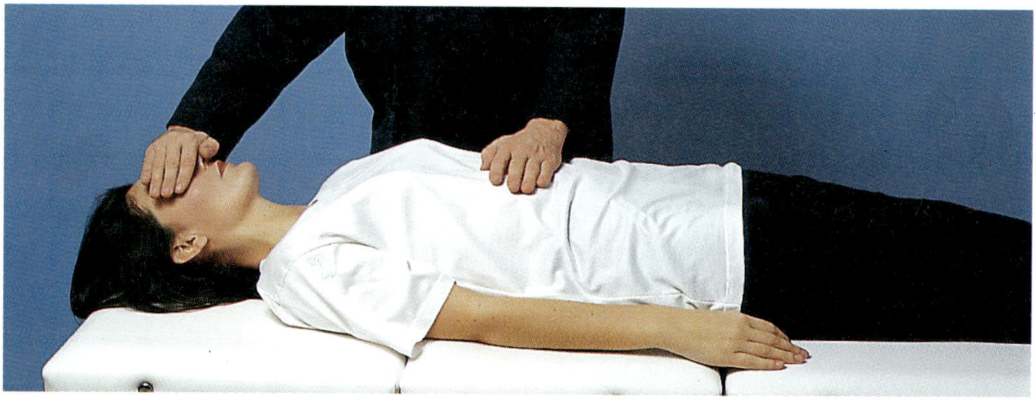

Fig. 69. 3e- 6e chakra. On pose une main sur les yeux sans déplacer celle qui se trouve sur l'estomac

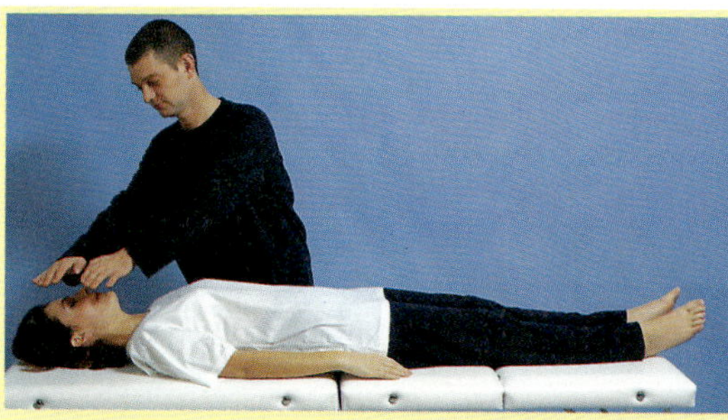

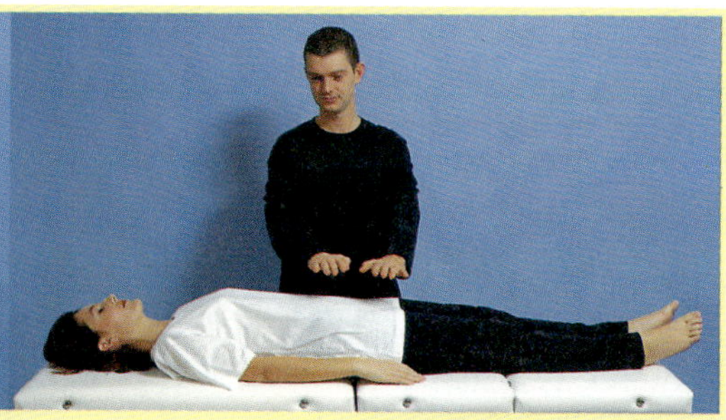

Caresse de l'aura

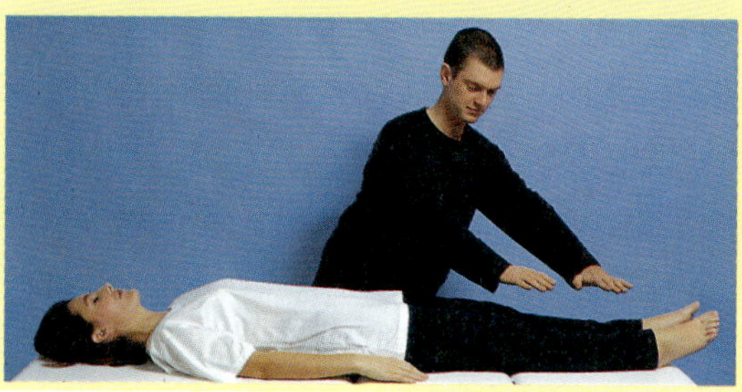

Fermeture et remerciement

Rééquilibrage du cœur

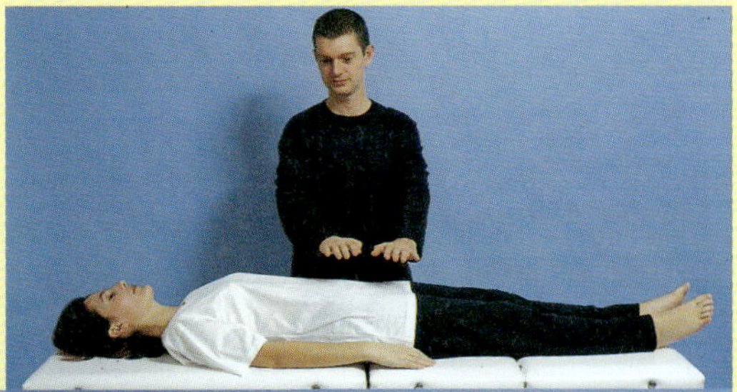

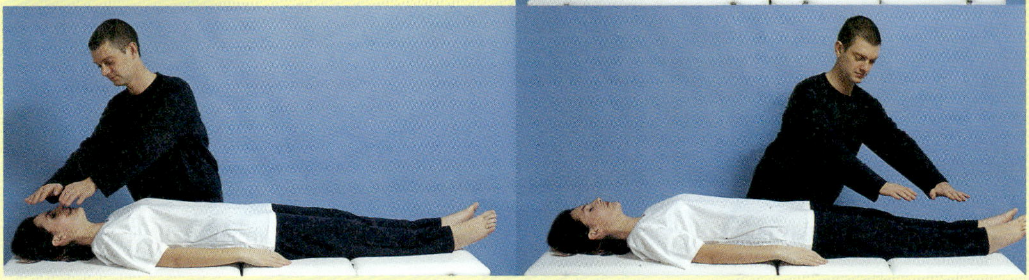

Caresse de l'aura. *On part mains parallèles sur la tête et on descend vers les pieds en suivant les contours du corps en s'écartant de 20 à 30 cm environ. On recommence au moins 3 fois en faisant attention à ne pas passer les mains sur le corps du récepteur durant la phase de retour*

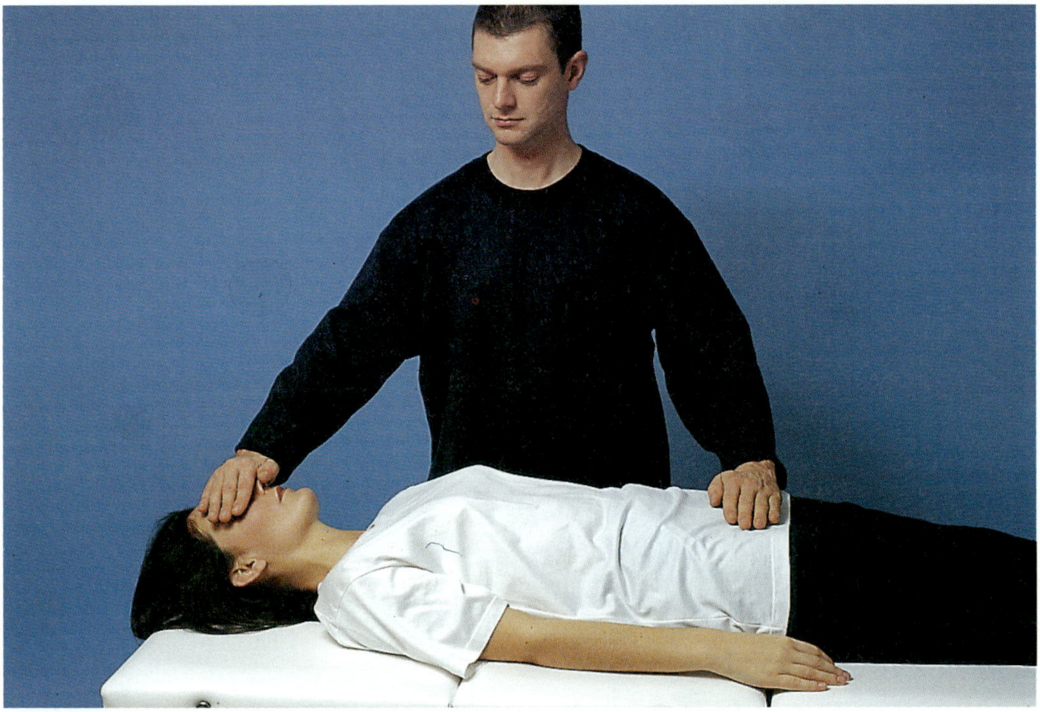

Fig. 70. 6e - 1er chakra. *Une main est sur les yeux et l'autre sur le pubis*

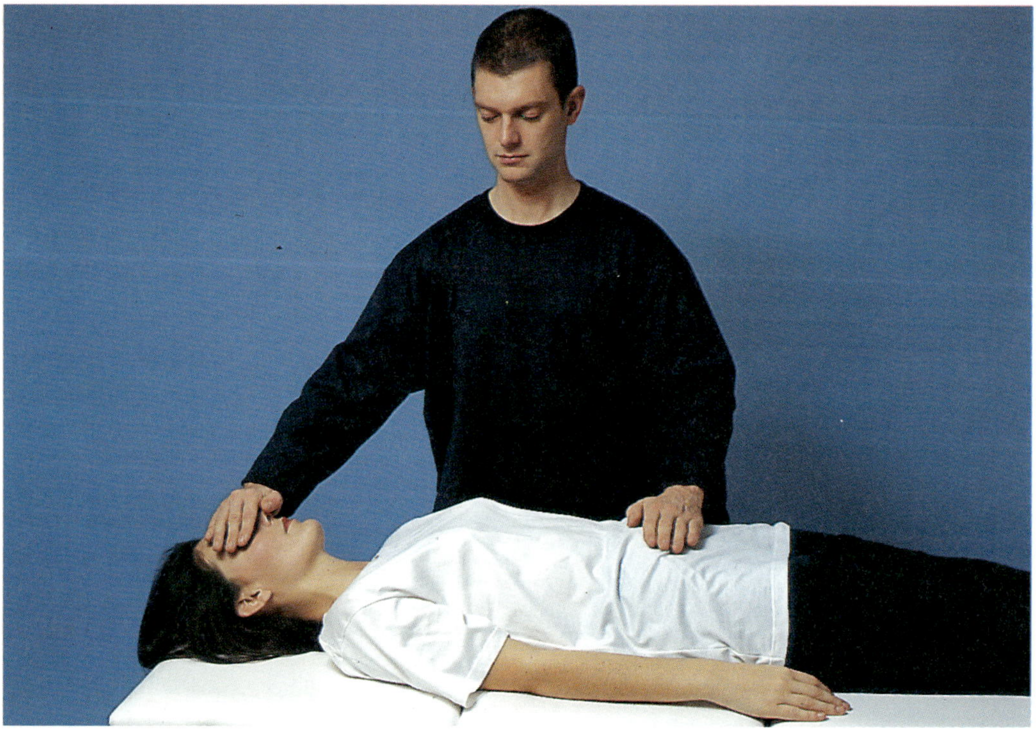

Fig. 71. 6e - 2e chakra. *La main posée sur les yeux reste immobile tandis que l'autre remonte sur le ventre*

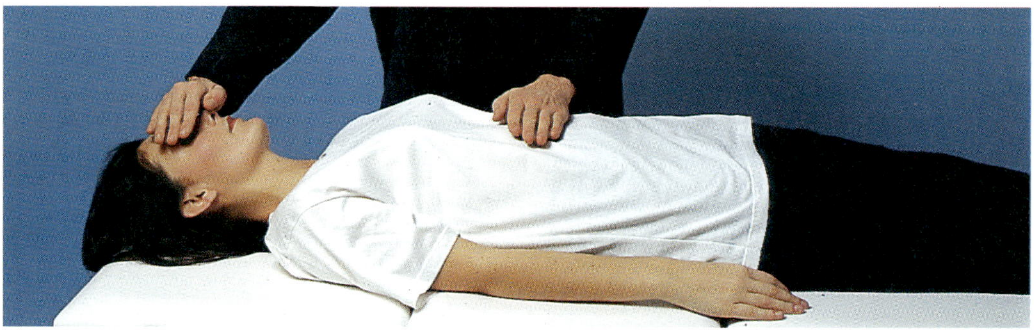

Fig. 72. 6e - 3e chakra. *On déplace la main sur l'estomac, sans bouger celle qui se trouve sur les yeux*

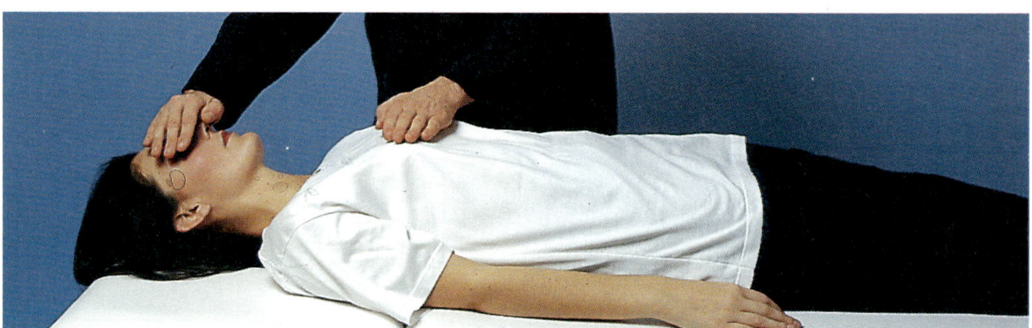

Fig. 73. 6e - 4e chakra. *On remonte vers le cœur*

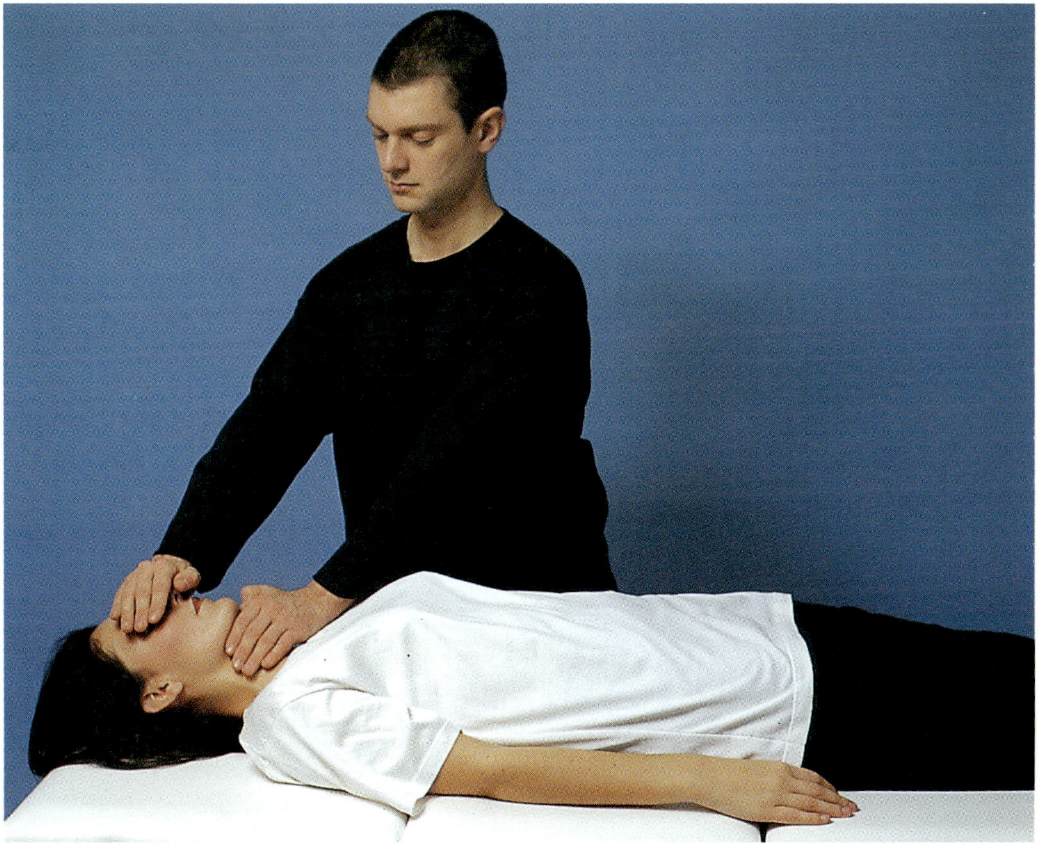

Fig. 74. 6^{e} - 5^{e} chakra. *On conclut une main sur les yeux et l'autre enserrant la base du cou*

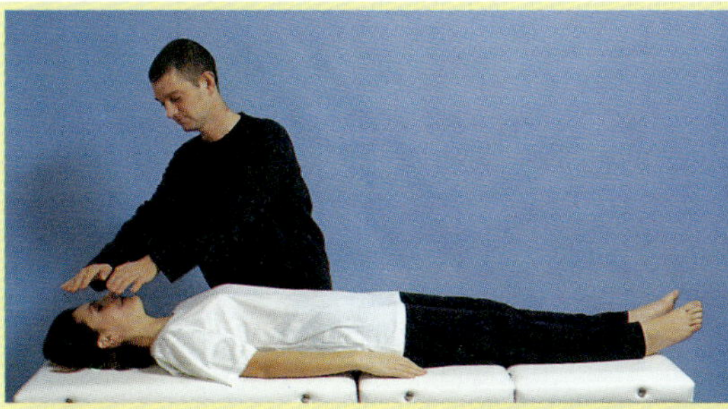

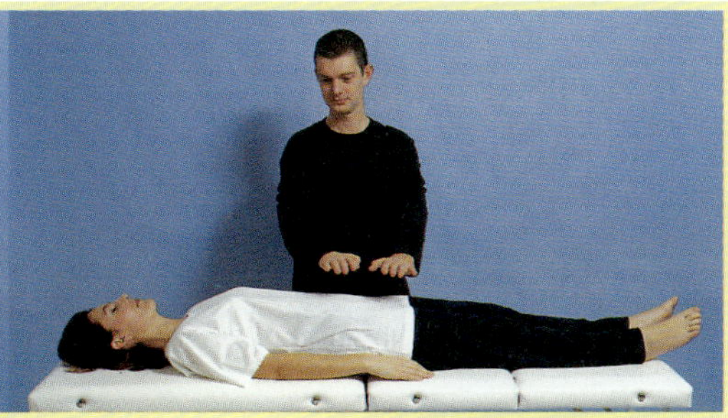

Caresse de l'aura

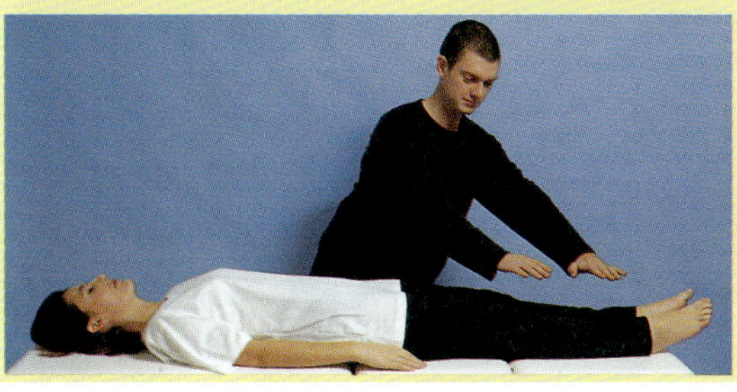

Fermeture et remerciement

Le deuxième degré

À QUOI SERT-IL ?

Avec les activations du 2e degré, le Reiki agit essentiellement sur le plan mental et émotionnel : alors que le 1er degré remet en place l'équilibre physique, il s'agit maintenant de libérer l'esprit et de retrouver l'élasticité intérieure.
C'est un véritable travail de propreté qui amène à la lumière de la conscience notre monde souterrain et qui permet d'apprendre à être pleinement nous-mêmes.
Durant ce processus peuvent revenir aussi à la surface des modèles mentaux négatifs, de vieux sentiments, des situations irrésolues, pour être justement comprises en profondeur et abandonnées. Ce n'est pas toujours un parcours indolore, mais l'expérience de la souffrance acquiert elle aussi une nouvelle signification.
L'expansion de la conscience qui en découle donne le courage de changer les aspects de notre vie dans lesquels nous ne nous reconnaissons plus et de vivre en ayant conscience des nouvelles réalités, y compris les réalités spirituelles.
Les traitements de 2e degré amorcent un processus de transformation semblable à celui provoqué par les activations, même si c'est sous une forme plus légère. Ils sont donc fondamentaux pour affronter les problématiques psychologiques, pour éliminer les traumatismes et les blocages émotionnels et pour stimuler la croissance intérieure sur des bases positives et constructives.
Le principal enseignement du 2e degré est la transmission à distance de l'Énergie Reiki : il est alors possible d'opérer avec la même efficacité sur des personnes se trouvant à des milliers de kilomètres de nous ou de traiter, par exemple, des animaux féroces ou venimeux. On peut de plus choisir sur quel plan agir, avec des traitements uniquement physiques ou mentaux, ou combinés physique et mental. En pénétrant dans le règne de l'esprit, l'horizon des possibilités d'intervention est vraiment illimité, car les frontières spatio-temporelles sont abolies : ici, tout est éternel présent et les différentes formes s'interpénètrent dans l'unité. Il n'y a donc plus de différence entre le fait de traiter un défunt ou un être vivant, entre une personne et une situation, entre le présent et le passé !

QUI PEUT RECEVOIR LE DEUXIÈME DEGRÉ ?

Toute personne ayant déjà été activée au 1er degré peut le recevoir, à condition d'avoir mûri en elle des motivations valables pour continuer.
Personne n'est plus à même que le récepteur de savoir s'il est prêt et si c'est bien la route qu'il veut suivre ; toutefois, il peut être utile d'en discuter avec un maître, avant le séminaire, pour se confronter et éclaircir ses motivations intérieures.
Le 2e degré demande un engagement personnel particulier et doit donc résulter d'un choix motivé. À la différence du 1er degré, dans lequel l'opérateur se laisse passivement traverser par l'Énergie du Reiki, on demande ici à canaliser l'énergie sur des objectifs précis et à les transmettre avec des formes adéquates de pensées.
Toute notre activité mentale normale se trouvant alors augmentée, il est indispensable que notre monde intérieur soit le plus limpide et intègre possible, et jamais guidé par des idées préconçues de bien et de mal. La seule vraie façon d'aider les autres est de les accompagner vers **leur harmonie intérieure** : bien qu'en possession des instruments, nous ne sommes pas autorisés à intervenir suivant notre bon plaisir dans les vies des autres, et peut-être même pas dans la nôtre.
Celui qui cherche dans le Reiki une forme de

magie lui permettant d'exaucer ses vœux pourrait faire l'amère découverte des lois de l'équilibre cosmique ! Avec le Reiki, on ne plie pas la Réalité à sa volonté ; au contraire, on apprend à suivre le flux du Courant Cosmique.
Comme pour le 1er degré, on conseille de retarder les activations envers les personnes sous traitement psychotrope important, ainsi qu'envers les femmes parvenues au sixième mois de leur grossesse.

QUAND ?

Il faut généralement attendre deux à trois mois après les activations du 1er degré, mais en réalité, les temps sont très subjectifs. L'intervalle sert à harmoniser notre plan physique pour l'amener à un nouvel équilibre : des mois, des années peuvent être nécessaires, aussi bien que quelques jours. Cela n'a aucun sens de vouloir accélérer les temps, car si notre corps n'est pas en ordre, flexible et ouvert comme un terrain défriché, l'esprit ne peut apprendre librement à s'envoler !
Le Reiki, cependant, possède une certaine forme d'autoprotection, car si le moment n'est pas encore venu, on ne réussit pas à utiliser le 2e degré, ou on oublie tout simplement qu'on le possède et on ne s'en sert jamais.

COMMENT ?

Durant le séminaire de 2e degré, on apprend les trois premiers symboles découverts par Mikao Usui et leur utilisation. En général, on doit les mémoriser puis brûler les feuilles sur lesquelles on s'est exercé afin d'éviter que leur charge énergétique ne se disperse ou qu'elles soient utilisées de façon impropre. Bien que le secret ait été dévoilé dans différentes publications, je crois en ce principe et détruis donc soigneusement tous les dessins en demandant aux autres d'en faire autant. Les doutes éventuels peuvent toujours être éclaircis par le maître à n'importe quel moment.
Le rituel d'activation est une phase unique durant laquelle les symboles sont *imprimés* dans les mains, c'est-à-dire où l'on dote le récepteur de la faculté *réelle* de les tracer. Je crois que le fait d'activer les deux mains en même temps est plus équilibré, d'autant plus qu'on peut se retrouver avec une main temporairement hors d'usage, par exemple en cas de fracture. On simplifie en outre les positions de l'opérateur durant les traitements, car les deux mains se valent.
En général, les séminaires durent deux jours, comme pour le 1er degré. Je trouve que le fait de concentrer l'activation sur une seule journée est très utile, avec deux ou trois personnes au maximum, et de se retrouver ensuite un autre jour, après un certain laps de temps : cela permet de discuter des doutes que la pratique engendre, de contrôler la graphie des symboles et de faire le point sur sa propre situation intérieure.

LES EFFETS DE L'ACTIVATION AU DEUXIÈME DEGRÉ

Dans ce cas également, les réactions au rituel sont très subjectives et, en règle générale, sont les mêmes que celles des activations du 1er degré. Il arrive aussi d'obtenir des effets éclatants la première fois et rien la deuxième ; ou bien, au contraire, de vivre des expériences très intenses sur le tard seulement. Comme on l'a déjà dit, les activations sont valables à chaque fois et fonctionnent pour tout le monde, sans distinctions. Certains se posent beaucoup de questions parce qu'ils n'arrivent pas à visualiser : en réalité, il suffit de concentrer sa volonté sur ce qu'on est en train de faire. La concentration utilisée pour lire ce texte serait déjà suffisante pour envoyer correctement l'Énergie !
Si nous nous laissons guider par l'Amour et la Compassion, l'attention et la volonté sont attirées toutes seules vers l'objectif et on se sent en même temps relaxé, l'esprit libéré des pensées et vidé de l'Ego. Plus que durant les séminaires, les effets du 2e degré s'observent durant les jours et les mois suivant l'activation.

L'évolution spirituelle

La transformation intérieure amorcée par le 2e degré distingue le Reiki des autres pranothérapies et induit véritablement une forte poussée de conscience. Le saut de conscience qu'il provoque change radicalement la vie, d'une façon parfois déconcertante. La signification et la portée de ces changements sont décidément subjectives, car chaque individu possède un rapport particulier au Reiki. Dans tous les cas, c'est comme si la vie subissait une accélération, tant dans les aspects dits *positifs* que dans les *négatifs*. La pratique du Reiki à distance affine les capacités psychiques et accroît l'empathie envers les autres êtres vivants.
À ce propos, il est important de rappeler que tout comme dans le 1er degré, le Reiki se manifestait spontanément devant les personnes qui en avaient besoin ; au 2e degré, le Reiki est activé de manière

autonome lorsqu'on pense de manière impliquée à quelque chose ou à quelqu'un qui présente des carences énergétiques. Ne parlons pas de ce que nous pourrions engendrer en gardant dans notre conscience des pensées négatives et des sentiments hostiles ! Notre discipline mentale, le détachement et la propreté intérieure sont donc des points essentiels à atteindre.

L'éthique

Avec les possibilités d'intervention offertes par le 2e degré se pose inévitablement la question de ce qu'on est autorisé ou pas à faire. Il semble que chacun d'entre nous doive trouver sa réponse et qu'en parler ne serve pas à grand-chose. Les parcours existentiels, et surtout les spirituels, bien que différents, semblent devoir se croiser en des points cruciaux, que chacun doit vivre à sa manière. Cela se produit aussi avec le Reiki : peut-être que l'une des peu nombreuses différences se trouve dans le temps où nous nous arrêtons à la même étape de la recherche.
Personnellement, je n'interviens pas dans les situations et j'essaye au contraire de me mettre en syntonie avec la Réalité spirituelle pour savoir comment suivre son courant : je demande au Reiki de me conduire et non l'inverse. Je cherche ensuite à utiliser son énergie pour réaliser ce qui m'a été indiqué. En ce qui concerne les traitements à distance, je respecte rigoureusement les volontés du récepteur et je tente d'obtenir son consentement explicite et pas seulement télépathique. Surtout lorsqu'il s'agit de personnes auxquelles nous sommes liés affectivement, je conseille de prendre avec prudence les informations télépathiques recueillies, car elles pourraient nous influencer inconsciemment.

Les désirs

« Faites attention à ce que vous demandez aux Dieux, car ils pourraient vous le concéder ». Il suffit d'avoir vécu une seule fois la vérité de cette phrase pour se décider à réfléchir sérieusement à ses désirs.
Le mécanisme du désir et du plaisir est très important car il génère notre élan vital vers le changement et le mouvement. En effet, les désirs sont l'expression de nos nécessités physiques, émotives et spirituelles : en essayant de les réaliser, nous sommes dans l'obligation de nous ouvrir vers l'extérieur, d'entrer en relation avec ce qui est autre que nous, de composer avec notre opposé. Ainsi, nous nous transformons, nous apprenons à choisir et nous développons notre conscience. Lorsqu'ils sont vécus consciemment, les désirs peuvent devenir des instruments d'épanouissement utiles, car le fait de les analyser met en évidence des parties obscures de l'inconscient. Connaître ce que nous voulons vraiment signifie nous connaître nous-mêmes et devenir des êtres libres ; de plus, lorsque l'objectif est clair, sa réalisation est facile. Et pourtant il existe des dangers dans le mécanisme des désirs, à tel point que la majeure partie des écoles spirituelles répètent continuellement que les désirs sont des pièges illusoires dont il faut se défaire :

• Dans le cas où nous les réprimons, nous bloquons le flux naturel de nos énergies et les obligeons à suivre des parcours déviants, qui deviennent ensuite obsessionnels.

• Par contre, si nous les sublimons, nous sommes poussés à la recherche de compensations et nous retombons dans le mécanisme du désir que nous voulions fuir.

• D'un autre côté, si nous décidons de les assouvir, la volonté d'obtenir quelque chose peut à son tour devenir obsessionnelle et ne pas nous laisser de répit, étant donné que l'apaisement une fois l'objectif atteint est en général de courte durée. Et comment résister à la tentation de tout vouloir, par tous les moyens ?

Ce n'est pas tant la force du désir en soi qui crée des problèmes, mais notre attachement pour les formes extérieures, les personnes, l'Ego ; après tout, on aspire également à Dieu et toutes nos prières sont des requêtes. Toutefois, lorsque nous acceptons la présence de la volonté divine dans la création et que nous demandons son intervention, nous nous plaçons dans une position différente, à tel point que nous récitons dans le *Notre Père*, « que ta volonté soit faite » ; notre rapport est maintenant avec Dieu et Sa Grâce, et non avec les objets du désir. Pour l'exprimer comme saint Ignace, tu dois « demander au Seigneur ce que tu veux et désires » et agir « comme si tout dépendait de toi et en même temps, comme si tout dépendait de Dieu »[4]. Au niveau des vibrations, cela signifie déplacer notre centre conscient des chakra inférieurs aux chakra supérieurs et nous soumettre à la loi de l'Amour de Anahata. Lorsque c'est le cœur qui commande, notre volonté coïncide avec la Volonté Divine, ce qui nous entraîne à vouloir plus donner que demander, au point d'avoir l'impression de ne plus avoir de désirs. En échange, la vie paraît venir à notre rencontre, et nous donner tout ce dont nous avons besoin.

4. Saint Ignace de Loyola, *Exercices spirituels*, Desclée De Brouwer, 1984.

La pensée positive

Lorsque nous effectuons des traitements de type mental, nous répétons à l'inconscient une phrase qui reflète ce que nous voulons obtenir. Le processus de construction de la phrase est très instructif pour mieux nous connaître et pour nous entraîner à la pensée positive.
Prenons l'exemple d'une jeune fille montrant de nombreuses carences affectives. Au premier abord, elle nous exprime son désir de la manière suivante :

• *« Je ne voudrais pas passer ma vie toute seule ».*
« Je ne voudrais pas... » est une phrase erronée car l'inconscient n'accepte que les phrases affirmatives.

• *« Je voudrais passer ma vie avec quelqu'un ».*
« Je voudrais » est erroné car l'inconscient n'accepte que les phrases au présent.

• *« Je veux passer ma vie avec quelqu'un ».*
« Quelqu'un » est erroné car pour s'adresser à l'inconscient, il faut être très précis et éviter les indéfinis comme quelqu'un, quelque chose, etc. Et si, par quelqu'un, le cosmos comprenait un octogénaire aveugle ?

• *« Je veux qu'un homme chinois de 30 ans, merveilleux, riche, diplômé et orphelin, m'aime ».*
Toute la phrase est mauvaise, car tu interviens dans la vie de ce brave Chinois et, surtout, tu ne peux pas avoir la certitude que cet homme puisse résoudre ton problème. Mais quel est réellement le problème ? Est-il en toi ou chez les autres ?

• *« Je dois réussir à aimer ».*
Bien, nous nous rapprochons, car l'axe est maintenant ta transformation intérieure. Il y a encore une erreur dans l'utilisation du verbe devoir, car l'inconscient refuse les contraintes. Plus la volonté tente de le commander, plus il s'amuse à faire le contraire.

• *« Je peux réussir à aimer ».*
« Pouvoir » est certainement mieux que devoir et vouloir, mais cela n'exprime qu'une possibilité et pas une action qui se réalise, le seul véritable temps présent admis par l'inconscient.

• *« Je m'aime moi-même ».*
Parfait. C'est la bonne phrase. Ensuite le Cosmos se chargera de t'envoyer l'homme adéquat... s'il s'avère nécessaire.

« Je suis bon »

Il paraît impossible de fuir le syndrome « je suis bon ». Les symptômes, plus ou moins latents au 1er degré, sont évidents au 2e. Il s'agit d'une sorte d'enthousiasme intenable d'aider les autres, qui conduit à forcer les situations au nom du bien de l'humanité ! En réalité, nous cherchons seulement une confirmation de la part de quelqu'un qui veuille bien nous dire que nous sommes doués, saints, uniques.
Ce n'est pas un effet direct du Reiki, mais une conséquence de l'expansion de l'Ego : c'est justement la raison pour laquelle il doit être considéré avec prudence et méfiance. Surtout, il ne faut pas accorder d'importance au sentiment d'avoir découvert la Vérité, car c'est de cette façon qu'on devient trop rigide sur ses convictions, au risque de trop juger les autres et le monde. Tout être humain est libre de vivre comme il l'entend et nous devons avoir l'humilité d'accepter les choix des autres. En particulier lorsqu'il s'agit de personnes auxquelles nous sommes liés, il faut résister à la tentation de vouloir *leur bien* à tout prix, et il faut parfois aller jusqu'à accepter leur refus de guérir. Après tout, même Dieu a la délicatesse de nous laisser apprendre en nous trompant !

L'Ego

Le 2e degré augmente la volonté individuelle et la capacité d'expression, en nous aidant de la sorte à devenir des êtres humains complets et réalisés. Toutefois, avant de développer un individualisme sain, il peut y avoir des périodes disproportionnées dans lesquelles nous cherchons constamment à affirmer notre Ego et la priorité de nos exigences. C'est une excellente école, à condition d'avoir le courage de nous regarder sincèrement, car cela nous permet de découvrir nos masques et, si nous le désirons, de les abandonner.

Les pouvoirs extrasensoriels

Clairvoyance, visions, voyages astraux, télépathie sont les plus fréquents. Utilisés au service du Reiki et dans le but d'aider les autres, ce sont des instruments précieux, mais ils peuvent devenir un autre piège pour l'Ego.
D'autre part, il est déconseillé de *solliciter* les phénomènes parapsychologiques, surtout ceux de nature médiumnique, tant que notre propre champ d'aura n'est pas compact, fort et purifié.

LES TRAITEMENTS DU DEUXIÈME DEGRÉ

Traitement	Indications	Durée
Autotraitement mental	Pour intervenir sur soi-même avec des suggestions positives ; pour supprimer des blocages émotionnels et des traumatismes ; pour éliminer des habitudes nocives, comme par exemple le fait de fumer ; pour augmenter sa propre croissance intérieure. Sur le plan physique, pour intervenir directement sur les cellules, les organes, les lésions, les zones douloureuses, etc.	Au minimum un quart d'heure. Dans tous les cas, on conseille de prolonger la phase préparatoire jusqu'à ce qu'on obtienne une bonne relaxation, avant de tracer les symboles.
Traitement mental	Dans des situations de souffrance mentale et de carence de tonus vital, pour stimuler la pensée positive ; pour éliminer les blocages émotifs et les traumatismes ; pour augmenter l'épanouissement intérieur et éliminer les habitudes nocives. Sur le plan physique, pour intervenir directement sur les cellules, les organes, les lésions, les zones douloureuses, etc.	Au minimum un quart d'heure. Suivant les conditions du récepteur, la phase préparatoire peut demander plus de temps.
Traitement mental à distance	Lorsqu'on ne peut pas intervenir directement et que le récepteur a besoin d'être stimulé intérieurement (voir les indications du traitement mental). Il peut servir pour poursuivre les cycles de traitement mental, lorsqu'on ne peut pas se rencontrer.	Au minimum un quart d'heure. La phase préparatoire peut être prolongée à loisir, suivant les conditions du récepteur ; il ne faut par contre prolonger la phase mentale que si on se sent concentré.
Traitement physique à distance	Dans tous les cas où il n'est pas possible d'intervenir directement ou quand le récepteur a besoin d'Énergie, surtout au niveau physique. Pour traiter les animaux dangereux et venimeux. Toujours demander l'autorisation avant d'agir. On peut également se l'autoadministrer.	Au minimum un quart d'heure. En général, on traite le récepteur tant qu'il en a besoin, c'est-à-dire tant qu'il nous demande de l'Énergie.
Traitement physique et mental à distance	C'est le traitement le plus complet car il intervient tant sur le plan physique que sur le plan mental et ne nécessite pas la présence du récepteur. Il est indiqué pour toutes les situations déjà illustrées dans les traitements physiques et mentaux. Toujours demander l'autorisation avant d'agir. On peut également se l'autoadministrer.	Au moins vingt minutes. Le traitement physique peut être prolongé à volonté, tandis qu'il vaut mieux ne prolonger la phase mentale que si on est bien concentré.
Traitement des situations	Pour apporter lumière et force dans les différentes situations de notre vie et de celle des autres, en intervenant sur le futur comme sur le passé. Pour éliminer d'éventuels obstacles ; pour solliciter et résoudre son propre Karma (voir page 82) ; pour envoyer l'Énergie du Reiki aux défunts.	Au moins quelques minutes, mais il n'y a pas de limites de durée. On suit aussi les instructions des mains.
Traitement de la planète	Pour envoyer la lumière à la planète et purifier l'atmosphère et les plans subtils de la terre contre les influences négatives ; pour aider l'évolution cosmique et tous les êtres vivants.	Au moins un quart d'heure, mais on peut continuer si on le souhaite.

Fréquence	Effets
Il est toujours conseillé de respecter la règle des quatre traitements, si possible en journées consécutives. Des situations particulières peuvent exiger plusieurs cycles de traitement.	En général, on éprouve des sensations agréables de relaxation. Il ne faut pas s'attendre à des effets particuliers liés au traitement mental, surtout lorsqu'on le pratique. Les réactions se vérifient souvent les jours suivants ou après un certain temps. Il peut toutefois y avoir aussi des phénomènes de visions, parfums, couleurs, voire même d'images et d'émotions liées à la situation que l'on traite. Si l'on agit sur des traumatismes ou des blocages psychologiques, on peut vivre une crise de larmes libératrice, suivie de soulagement et de bien-être.
Au moins quatre séances, si possible en journées consécutives, à recommencer si besoin est, avec de brèves pauses entre un cycle et l'autre. Très bon lorsqu'il est combiné aux traitements complets.	Effets semblables à ceux de l'autotraitement. Si l'on combine ce traitement à ceux du 1er degré, se rappeler d'effectuer la phase mentale à la fin, avant la caresse de l'aura. Il est très important de déterminer la phrase à envoyer avec le récepteur, car ce travail le pousse à la réflexion intérieure et augmente sa conscience : si on ne nous a pas fourni d'indications, envoyer Lumière, Force et Harmonie.
Au moins quatre séances, si possible en journées consécutives, à recommencer si besoin est, en observant de brèves pauses entre les cycles.	Les effets sont liés au cas traité. En général, on éprouve une sensation de relaxation, d'abandon, de chaleur, de tremblements et parfois des phénomènes ESP : certains perçoivent la phrase comme une voix qui résonne intérieurement, d'autres voient des couleurs, pleurent ou prennent conscience soudainement de leur problème. Il est donc recommandé de choisir avec le récepteur un moment tranquille pour le traitement.
Au moins quatre séances, si possible en journées consécutives, à recommencer si besoin est, en observant de brèves pauses entre les cycles.	La séance pouvant être largement prolongée, on recommande de se mettre d'accord avec le récepteur sur un horaire choisi. En effet, il vaut mieux que le récepteur soit détendu, si possible allongé dans un endroit silencieux. Les effets pour lui sont semblables à ceux d'un traitement complet de 1er degré. L'opérateur perçoit aussi les mêmes sensations dans ses mains que celles qu'il aurait si la personne était présente.
Au moins quatre séances, si possible en journées consécutives, à recommencer si nécessaire, en observant de brèves pauses entre les cycles.	Comme pour le traitement physique, il vaut mieux que le récepteur soit dans une situation tranquille lorsque vous lui envoyez le Reiki, car les effets sont justement semblables à ceux d'un traitement complet. En ce qui concerne la phase mentale, nous vous renvoyons à ce que nous avons dit sur les traitements mentaux. Les mains de l'opérateur réagissent comme si la personne était présente.
Les situations complexes exigent en général plus de quatre traitements ; les karmiques, en particulier, peuvent demander des temps très longs.	Les mains de l'opérateur ont des réactions comparables à celles d'un traitement sur une personne et elles sont interprétées de manière analogue.
On l'effectue tous les dimanches à 18 heures (heure locale), ou à n'importe quel moment, en donnant le commandement mental pour ce jour-là et cette heure-là.	Les mains de l'opérateur donnent immanquablement des signes de souffrance accrue, comme si la Terre était un malade gravement atteint !

LES SYMBOLES

Le système traditionnel Usui utilise quatre symboles, parmi lesquels trois sont enseignés au 2e degré. Leur essence est considérée sacrée et ils doivent donc être préservés. Ces dernières années, cependant, ils ont été publiés plus d'une fois, parfois avec des modifications suspectes par rapport à la graphie de départ.
En réalité, y compris d'un maître à l'autre, on trouve de petites différences dans la façon de tracer les symboles. Dans pratiquement tous ceux que j'ai pu comparer entre eux, il s'agissait en fait de modifications justifiées par la calligraphie japonaise, et leur signification restait donc correcte sur le fond. Les différences de graphie sont normales, exactement comme dans le système graphique occidental.
Le problème éventuel lié à la divulgation des symboles réside dans la tentation de les utiliser sans avoir reçu les activations. L'intention ne suffit pas, en effet, pour déplacer une forme de pensée. Pour qu'un symbole fonctionne, il faut le rituel approprié, la formule et les signes corrects, la légitimité de celui qui conduit la cérémonie et son intention consciente. Sans ces éléments, on ne peut pas savoir quelles énergies seront déplacées, ni connaître les conséquences.
La dispersion énergétique dérivant de la publication des symboles peut avoir été compensée par la grande diffusion que le Reiki a connue ces dernières années ; en tout cas, il est préférable de respecter la tradition et d'éviter de les divulguer.

LA PRATIQUE DU REIKI : DEUXIÈME DEGRÉ

En plus des indications générales données dans le chapitre analogue pour le 1er degré, il existe certaines règles à suivre, valables pour tous les types de traitement du 2e degré :

• Même pour les traitements à distance, il faut effectuer le rééquilibrage et la fermeture-remerciement.

• Dans tous les traitements de 2e degré, on distingue une phase préparatoire durant laquelle on traite les yeux, les tempes et les oreilles, ainsi qu'une phase durant laquelle on utilise les symboles.

• Les symboles sont toujours tracés d'abord à la main, puis projetés mentalement.

• Lorsqu'on trace un symbole, on doit toujours répéter son nom trois fois de suite.

• Dans les traitements à distance, après chaque phase d'utilisation des symboles, on répète trois fois de suite le nom et le prénom du récepteur. Ceci est également valable pour nous-mêmes.

• Les noms des symboles, le nom et le prénom du récepteur et la phrase doivent être répétés **mentalement** trois fois de suite.

• Avant et après la projection des symboles, on peut visualiser un courant de lumière qui, après nous avoir traversé, envahit le récepteur.

• Il faut avoir obtenu la permission du récepteur, y compris sous forme télépathique, avant d'effectuer les traitements à distance.

• Pour obtenir des résultats stables et durables, il vaut mieux préparer le récepteur avec quatre traitements complets avant de procéder à des traitements à distance.

• Comme pour tout traitement Reiki, il faut toujours faire au moins quatre séances consécutives.

• Accordons-nous toujours avec le récepteur sur le jour et l'heure du traitement ; au cas où des imprévus arriveraient à l'horaire choisi, il faut donner un commandement télépathique à l'Énergie pour qu'elle soit libérée au bon moment : dans le monde spirituel, l'espace et le temps n'existent pas !

• Évitons de faire des traitements mentaux lorsque nous ne nous sentons pas bien ou que nous sommes fatigués et stressés.

• Soyons suffisamment honnêtes envers nous-mêmes pour refuser les traitements aux personnes qui nous sont franchement antipathiques ou qui nous irritent et nous gênent, du moins jusqu'à ce que nous ayons analysé la raison de notre réaction.

• Si nous nous endormons en effectuant un traitement mental, il faudra penser, au réveil, à fermer le contact avec le Reiki et à remercier.

Il faut choisir un moment tranquille de la journée et s'installer confortablement, assis ou allongé. On effectue le rééquilibrage du cœur, puis on commence à traiter successivement les yeux, les tempes et les oreilles, en restant dans ces positions au moins trois minutes et plus si nécessaire.

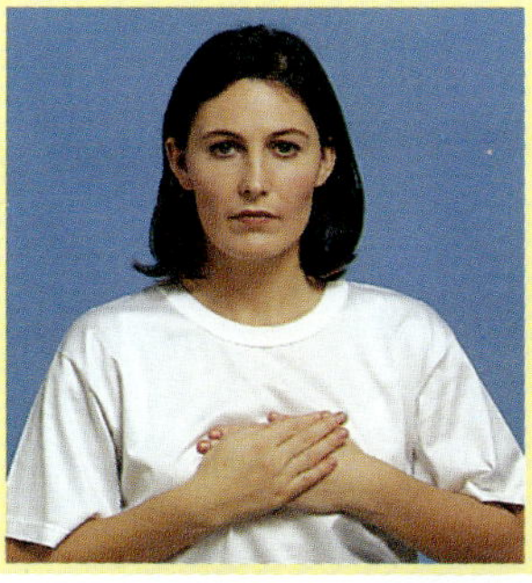

Rééquilibrage du cœur

Fig. 75. *Traiter les yeux en gardant les mains légèrement soulevées*

Fig. 76. *On applique la paume des mains contre les tempes*

Fig. 77. *On recouvre les pavillons auriculaires avec la paume des mains*

On pose ensuite une main derrière, sur la nuque, et avec l'autre on trace le 2e et le 1er symboles sur la calotte crânienne.
On répète trois fois de suite son nom et son prénom.
On pose ensuite la main sur le sommet de la tête et on projette mentalement le 2e et le 1er symboles sur nous, en répétant encore trois fois nos nom et prénom. En conservant la même position, on prononce la phrase choisie au moins trois fois de suite, en se concentrant sur les mots. Avant de fermer le contact avec le Reiki, on imagine une rivière de Lumière Cosmique sortant de nos mains et se répandant dans tout notre corps, en éliminant les zones malades et obscures. Si l'on possède des dons pour la visualisation, on peut les utiliser pour envoyer l'Énergie lumineuse vers les organes et les cellules afin de les nettoyer, de les recharger et de les régénérer.

Fig. 78. *Une main enlace la nuque et l'autre trace les symboles au sommet de la tête. On répète 3 fois ses nom et prénom*

Fig. 79. *Une main reste sur la nuque tandis que l'autre se pose sur la calotte crânienne, les doigts tournés vers la nuque. On projette mentalement les symboles. Dans la même position, on répète 3 fois ses nom et prénom et la phrase choisie*

Tout de suite après, on ferme le contact avec le Reiki et on remercie le Cosmique

Avant de commencer le traitement, on explique au récepteur de quoi il s'agit et on lui demande quelle phrase on doit envoyer vers son inconscient. Notre intervention doit se borner à la correction de la phrase au cas où sa formulation serait incorrecte ou incomplète, et ne doit pas se transformer en une séance de psychanalyse. Si on ne nous donne pas d'instructions, nous enverrons des messages de lumière, de force et d'amour, comme par exemple, « Tu es rempli de lumière et de joie », « Tu es fort et serein », et ainsi de suite.

Par la suite, on laisse s'installer le récepteur sur une chaise, et on effectue le rééquilibrage du cœur et la caresse de l'aura.

En se plaçant derrière le récepteur, on trace sur lui le 1er symbole, puis on se rapproche et on traite successivement les yeux, les tempes et les oreilles, en restant au moins trois minutes dans chaque position.

Si nécessaire, on prolonge la phase préparatoire jusqu'à ce qu'on obtienne une bonne relaxation ou du moins jusqu'à ce que nos mains se stabilisent.

Pour transmettre force et vigueur, on peut aussi projeter mentalement le 1er symbole sur le récepteur, à chaque fois qu'on le souhaite.

Rééquilibrage du cœur

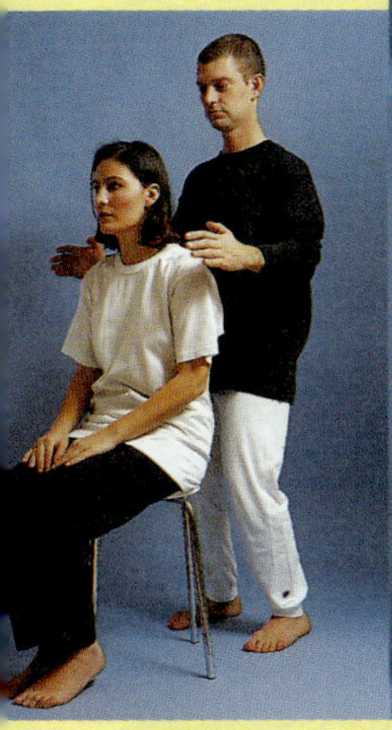

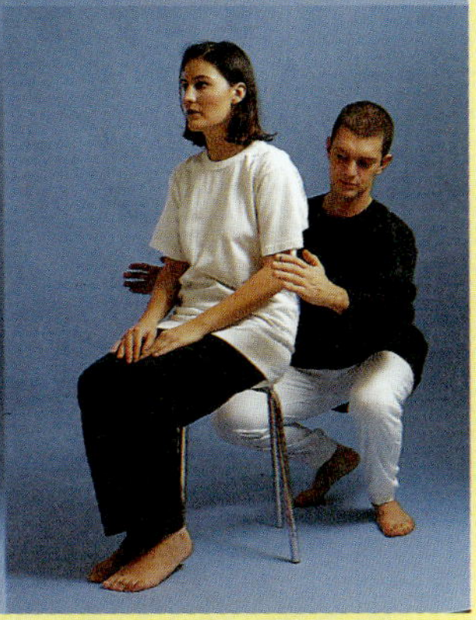

Caresse de l'aura. *On part de la tête et on descend vers les pieds en suivant les contours du corps en s'écartant de 20 à 30 cm environ. On recommence devant, derrière, sur les côtés, en évitant de passer les mains sur le récepteur durant la phase de retour*

Fig. 80. *En se plaçant derrière le récepteur, on trace le premier symbole sur lui*

Fig. 81. *Traiter les yeux en restant toujours derrière le récepteur*

Fig. 82. *Déplacer les mains vers les tempes*

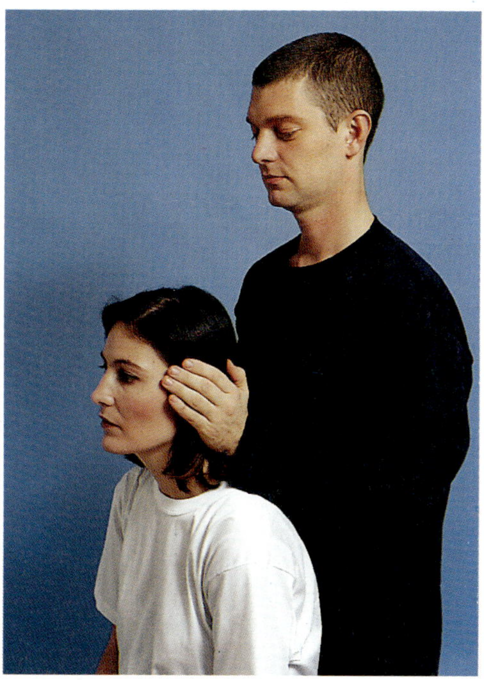

Fig. 83. *Traiter les oreilles en les recouvrant avec la paume de la main*

On trace maintenant sur sa nuque le 2e et le 1er symboles et on répète trois fois de suite ses nom et prénom. On se déplace ensuite sur le côté et on pose une main sur la nuque et l'autre sur la calotte crânienne, de façon à former un T. Il faut alors projeter mentalement sur le sommet de la tête le 2e et le 1er symboles et recommencer à répéter les nom et prénom du récepteur. On peut maintenant visualiser la Lumière Cosmique qui nous traverse tous les deux et dire la phrase choisie au moins trois fois.
Avant de fermer le contact, visualisons encore la lumière qui nous inonde (voir également pages 70 et 71).
À partir du moment où le 2e symbole est tracé, le contact avec le récepteur devient très profond, comme si les deux inconscients se touchaient vraiment. C'est un plan de vibration très subtil et délicat, où résonnent toutes les émotions et les pensées : pour cette raison, il est recommandé de ne s'arrêter durant cette phase que le temps nécessaire et de garder son esprit occupé par des visualisations ou la répétition de la phrase choisie. Les baisses de concentration peuvent en effet ouvrir un espace dans notre inconscient et laisser la conscience du récepteur s'y immiscer, de même que nous pouvons lui

Fig. 84. *Tracer les symboles au niveau de la nuque et répéter 3 fois les nom et prénom du récepteur*

Fig. 85. *Une main est placée sur la nuque, l'autre sur la calotte crânienne, les doigts tournés vers la nuque de façon à former un T. On projette mentalement les symboles et on répète 3 fois les nom et prénom du récepteur. Dans cette même position, on visualise la Lumière Cosmique qui descend et on répète 3 fois la phrase choisie*

envoyer involontairement ce que nous ressentons.

Pour la même raison, il est conseillé d'éviter les traitements mentaux lorsqu'on se sent troublé, fatigué et nerveux.

Pendant qu'on effectue des traitements à distance, il peut arriver que des visages de personnes, connues ou non, s'imposent devant nos yeux intérieurs : ce sont des demandes d'aide explicites. Dans ces cas-là, il suffit de communiquer avec ces personnes mentalement, en leur disant qu'on s'occupera d'elles dès qu'on aura terminé le traitement en cours ; puis on continue. Par correction, toutefois, rappelons-nous de demander la permission télépathique d'agir et, dès que possible, discutons avec l'intéressé de ce que nous avons ressenti.

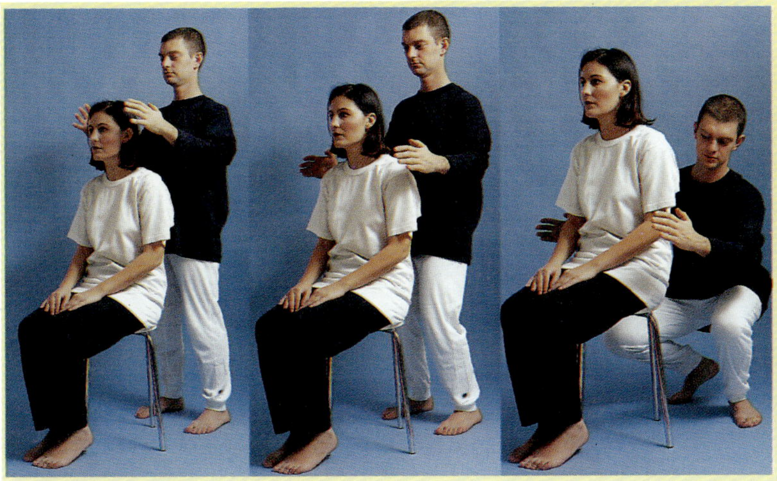

Caresse de l'aura

Fermeture et remerciement

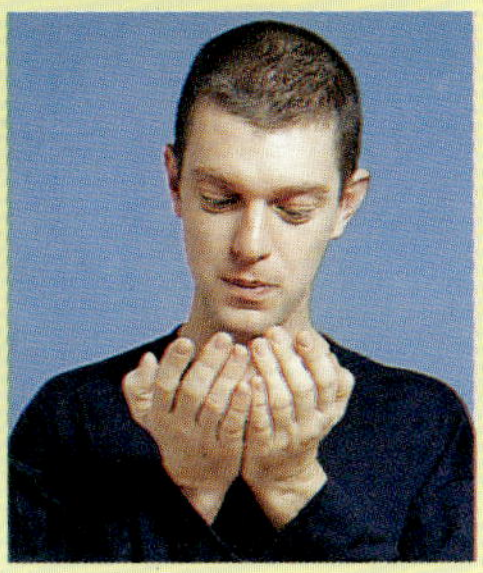

LES TRAITEMENTS À DISTANCE

Dans le tableau suivant, on a résumé les différentes phases des différents traitements à distance, tant sur les personnes que sur les situations ou la planète entière.

	Traitement physique à distance	Traitement mental à distance	Traitement physique et mental à distance	Traitement des situations à distance	Traitement de la planète
Rééquilibrage	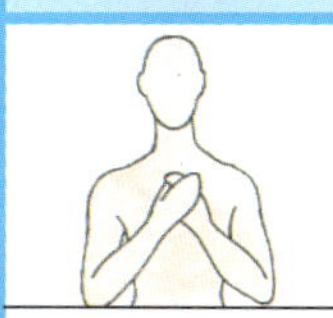	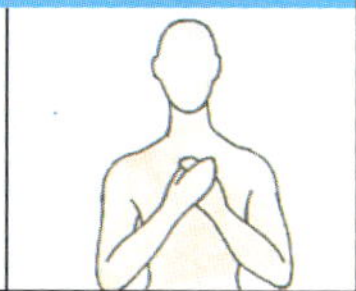	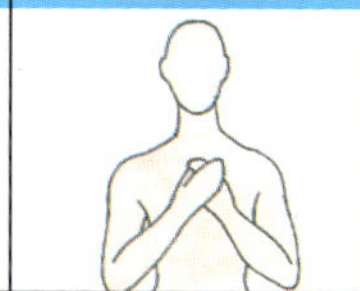	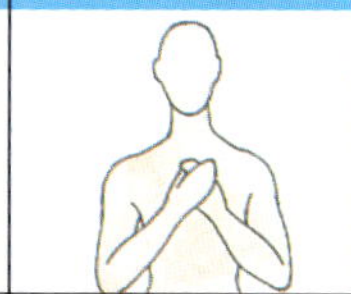	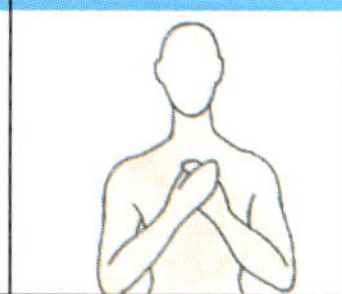
Visualiser	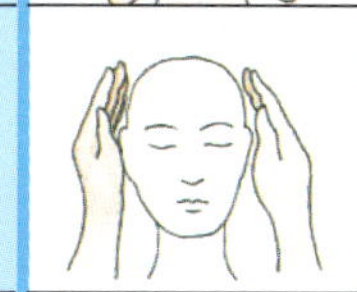	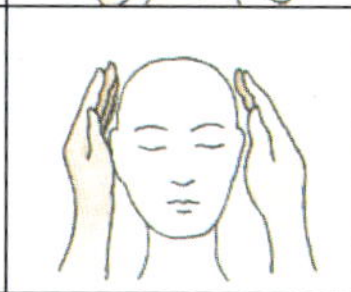	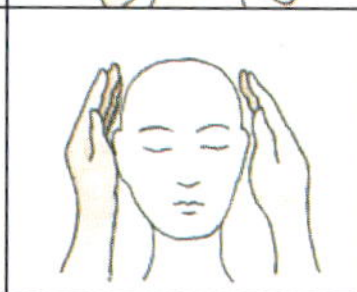	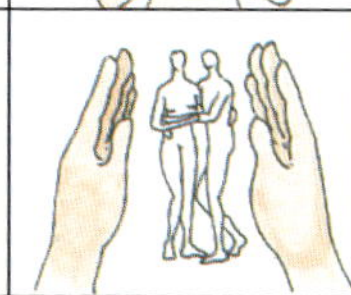	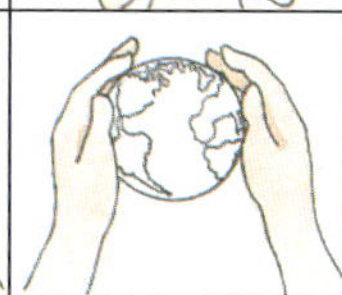
Tracer et projeter des symboles	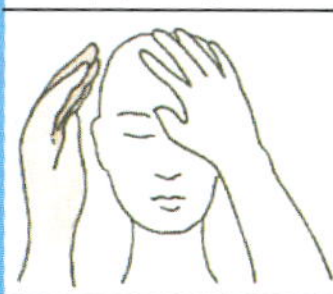	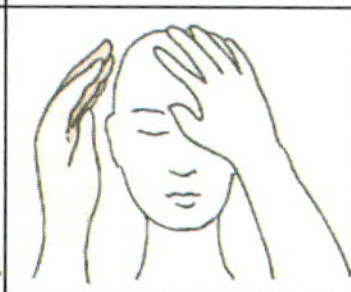	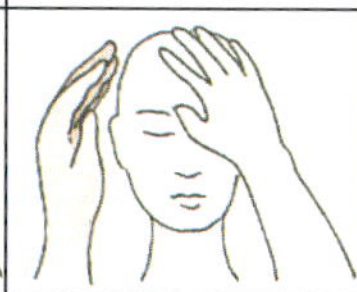	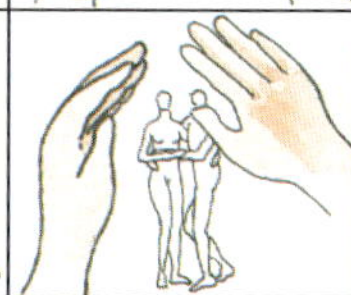	
Traiter				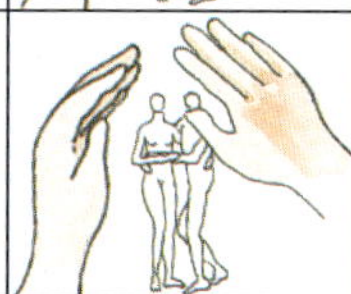	
Traiter les tempes	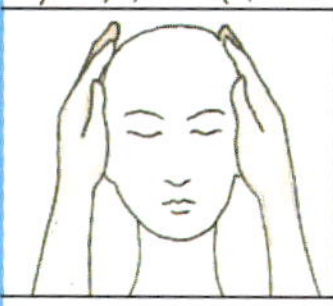	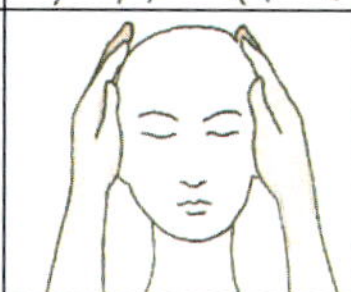	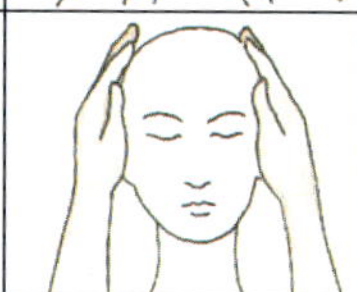		
Traiter les oreilles					
Tracer les symboles		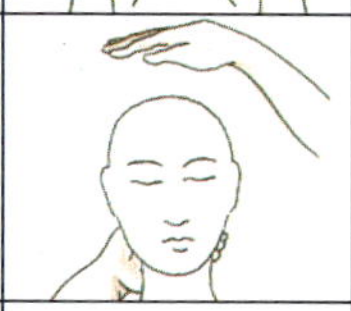	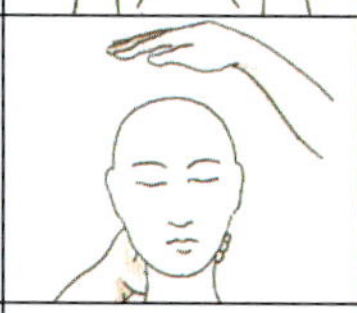		
Projeter les symboles		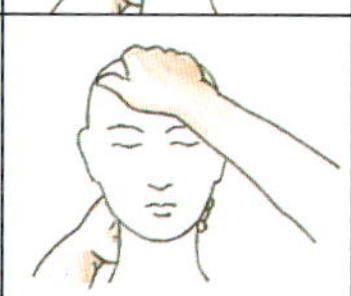	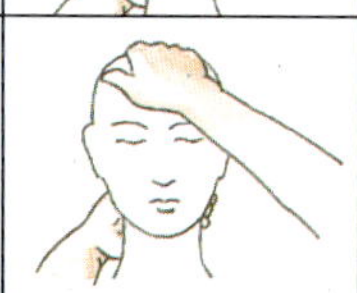		
Traiter	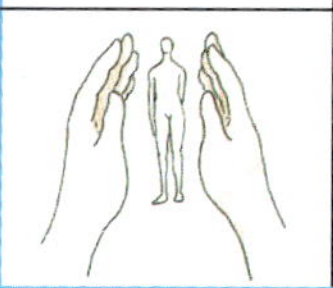		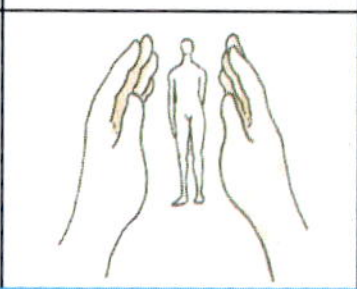	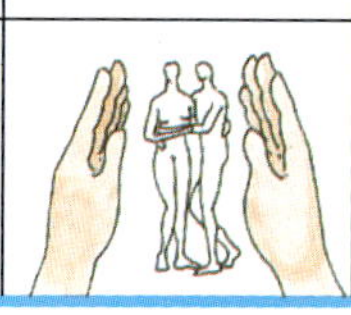	

Comme on peut le constater dans le tableau précédent, dans les traitements à distance des personnes, les premières phases sont identiques et on peut donc les synthétiser ci-après en une seule explication, en ne traitant séparément que les phases non communes.

Mettons-nous d'accord avec le récepteur sur le jour et l'heure de la séance ; s'il y a des problèmes d'horaires, effectuons le traitement quand nous aurons le temps, en donnant un commandement télépathique à l'Énergie, afin qu'elle se libère au moment choisi.

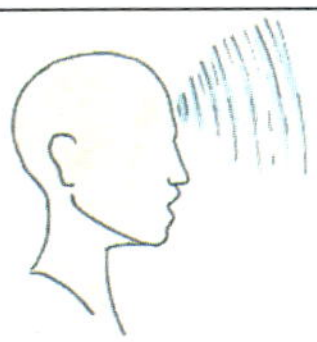

En cas de traitement mental, demandons au récepteur ce que nous devons adresser à son inconscient et corrigeons la phrase si elle est mal formulée. Si aucune indication précise ne nous est fournie, choisissons nous-mêmes une phrase souhaitant Lumière, Force et Amour.

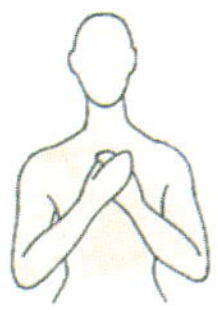

Choisissons un endroit tranquille, où nous ne serons pas dérangés et installons-nous confortablement. Pour ne pas céder à la tentation de s'endormir, mieux vaut rester assis. Effectuons le rééquilibrage du cœur.

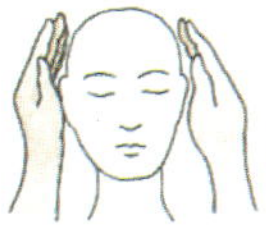

Visualisons entre nos mains le visage du récepteur légèrement agrandi. Si nous ne connaissons pas la personne, il faut adopter la même position et se concentrer sur son nom et son prénom.

Traçons d'une main le 3e et le 1er symboles sur le visage visualisé et répétons trois fois de suite les nom et prénom du récepteur.
Projetons ensuite mentalement le 3e et le 1er symboles et répétons de nouveau trois fois de suite les nom et prénom de la personne.

En conservant la visualisation du visage, on place les mains sur les yeux du récepteur et on les traite pendant au moins trois minutes.
Nous éprouverons les mêmes sensations que durant un traitement normal de 1er degré.

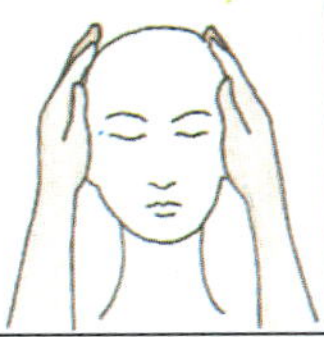

En déplaçant toujours une main après l'autre, on les place sur les tempes. Si les mains réagissent beaucoup, on prolonge le traitement.

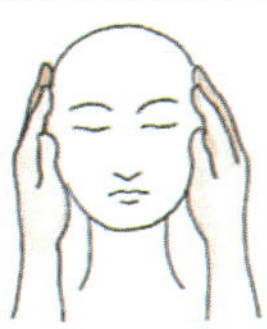

Passons maintenant aux oreilles. C'est la dernière position commune aux différents traitements à distance sur les personnes.

LE TRAITEMENT PHYSIQUE À DISTANCE

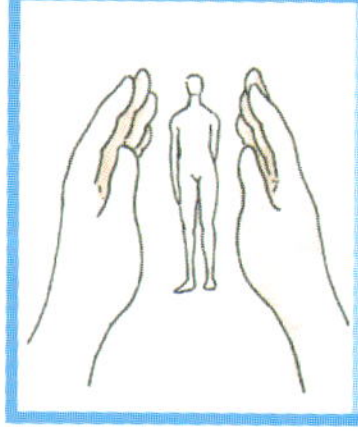

Lorsque nous avons terminé de traiter les oreilles, nous rapetissons mentalement l'image du récepteur, de façon que toute sa silhouette puisse se trouver entre nos mains. Laissons alors l'énergie du Reiki opérer sur tout le corps pendant au moins trois minutes et, si possible, continuons jusqu'à ce que nos mains soient stabilisées. Avant de fermer le contact, visualisons la Lumière cosmique qui entoure et pénètre le récepteur et caressons son aura de la tête aux pieds. Remercions le Cosmique (voir également tableaux des pages 70 et 78).

LE TRAITEMENT MENTAL À DISTANCE

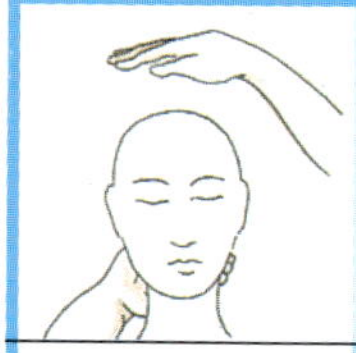

Après le traitement des oreilles, déplaçons une main sur la nuque du récepteur et, de l'autre, traçons le 2e et le 1er symboles sur le sommet de la tête. Répétons trois fois ses nom et prénom.

Sans déplacer la main de la nuque, posons l'autre main sur la tête, les doigts tournés vers la nuque de façon à former un T. Projetons mentalement le 2e et le 1er symboles sur la calotte crânienne et répétons trois fois les nom et prénom de la personne. Nous pouvons maintenant imaginer la Lumière cosmique qui sort de nos mains et prononcer la phrase choisie au moins trois fois. Fermons le contact avec le Reiki et remercions (voir aussi tableaux en pages 70 et 78).

LE TRAITEMENT PHYSIQUE ET MENTAL À DISTANCE

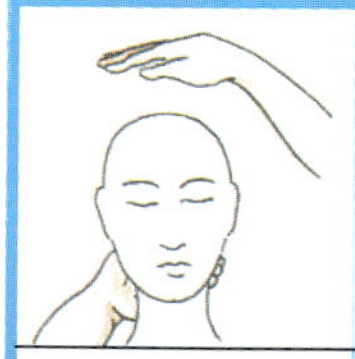

Déplaçons les mains des oreilles et mettons-en une sur la nuque. De l'autre main, traçons le 2e et le 1er symboles sur le sommet de la tête du récepteur. Répétons trois fois ses nom et prénom.

La main sur la nuque reste immobile et l'autre se pose sur la tête, les doigts tournés vers la nuque afin de former un T. Projetons les 2e et 1er symboles sur la calotte crânienne et répétons trois fois les nom et prénom de la personne. Imaginons ensuite la Lumière cosmique qui sort des mains et prononçons la phrase choisie au moins trois fois de suite.

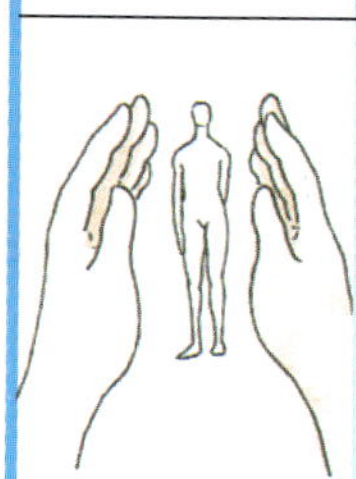

Rapetissons mentalement l'image du récepteur de façon que toute la silhouette puisse tenir entre nos mains. Laissons l'Énergie du Reiki œuvrer sur tout le corps pendant au moins trois minutes et, si possible, continuons jusqu'à ce que nos mains soient stabilisées.
Visualisons ensuite la Lumière cosmique qui entoure et pénètre le récepteur, puis caressons quelquefois son aura de la tête vers les pieds. Fermons le contact avec le Reiki et remercions (voir aussi les tableaux des pages 70 et 78).

LE TRAITEMENT DES SITUATIONS

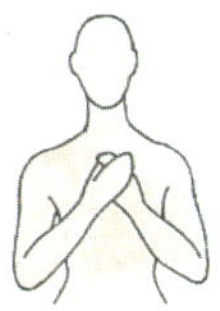

Choisissons un coin tranquille, où nous ne serons pas dérangés. Installons-nous confortablement et effectuons le rééquilibrage du cœur.

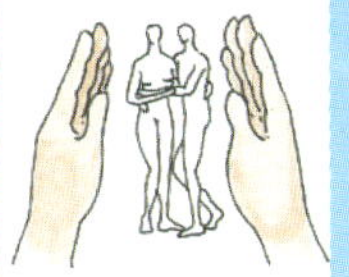

Visualisons entre nos mains la situation qui réclame de l'Énergie, en faisant attention à la construire dans son résultat final, c'est-à-dire comme elle devrait se réaliser.

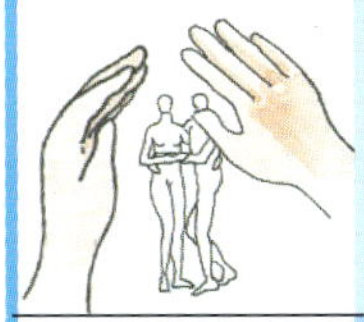

En gardant l'esprit fixé sur la situation, traçons les 2e et 1er symboles, puis projetons-les mentalement.

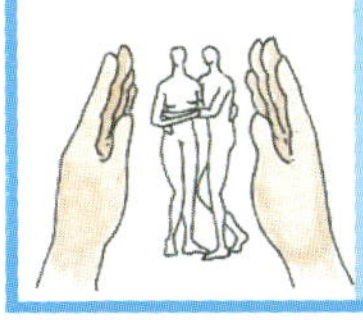

Laissons l'Énergie du Reiki affluer de nos mains à la situation durant tout le temps nécessaire, au minimum trois minutes.
Imaginons successivement la lumière cosmique qui baigne la scène et caressons-en les contours, comme si elle avait une aura.
Fermons le contact et remercions (voir aussi tableaux pages 70 et 78).

LE TRAITEMENT DE LA PLANÈTE

On apprend à effectuer ce traitement dès le 1er degré, car il procure des effets bénéfiques à la planète autant qu'à l'opérateur. Dans ce cas, naturellement, on agit sans l'aide des symboles, en utilisant seulement sa concentration et la visualisation. Le Reiki voyageant sur la longueur d'ondes de l'amour, l'énergie parvient également à destination. La terre et tous les êtres vivants ne forment qu'un seul tout avec nous : en les traitant, on projette notre conscience et notre capacité de vivre des pensées positives. Par la loi cosmique de l'équilibre, nous en recevrons en retour les bénédictions et les dons multipliés.
Pour ceux qui possèdent l'activation au 2e degré, le processus est le même que celui du traitement des situations. Si l'on veut s'aider avec des visualisations, on peut imaginer la planète, enveloppée d'un nuage d'atmosphère gris, qui devient progressivement plus clair et lumineux, jusqu'à ce que la terre se transforme en un globe resplendissant.
On effectue ce traitement tous les dimanches à 18 heures (heure locale). Si nous avons un empêchement à cette heure-là, on l'effectue à n'importe quel autre moment, mais en donnant le commandement télépathique à l'Énergie de ne se libérer qu'au jour et à l'heure dits.

LES TECHNIQUES AVANCÉES DU DEUXIÈME DEGRÉ

Il ne s'agit pas d'un véritable degré, mais de techniques particulières pour utiliser les symboles déjà donnés. Il est toutefois préférable de laisser passer un peu de temps après l'activation du 2e degré, afin de pratiquer un peu et surtout pour purifier et renforcer ses propres corps subtils.
En fait, on apprend à intervenir sur les situations karmiques, les siennes et celles des autres, et on pénètre donc un champ plus complexe, et probablement plus élevé, des possibilités du Reiki. Avant de s'y engager, il est bon que l'opérateur ait assimilé les initiations précédentes et surtout il est nécessaire qu'il ait acquis une bonne discipline mentale, une clarté d'intentions et une solide concentration.
On apprend entre autres choses à interagir avec les esprits des défunts, à effectuer des biorégénérations dans des milieux soumis aux champs électromagnétiques pathogènes, à éliminer les traumatismes et les états de choc, à purifier l'aura et les chakra, à faire des traitements à travers le corps astral et enfin à nettoyer et programmer les cristaux dans des buts précis. À ceux qui ressentent un besoin impérieux de combiner le Reiki et les cristaux, je conseille toutefois vivement de s'y préparer sérieusement car ces pierres sont vivantes et leur pouvoir doit être utilisé avec discernement : voilà pourquoi ils ne sont abordés qu'à ce stade de notre ouvrage. Nous ne faisons que des allusions rapides à ces traitements car il s'agit de cas particuliers qui sortent un peu de la vocation vulgarisatrice de cet ouvrage et qui ne sont en général effectués que par ceux qui marchent déjà sur la route du 3e degré.

Les situations karmiques

Le concept de Karma vient de la tradition bouddhiste et peut être traduit par *loi de cause à effet* ou mieux encore *loi de rétribution*. En d'autres termes, nous pourrions le définir comme l'empreinte que notre comportement laisse sur notre plan psychique, tant mental qu'émotif, en déterminant de cette manière à la chaîne de nouveaux comportements similaires. Pour donner un exemple, une personne agressive a tendance à réagir avec véhémence et à pousser les situations de la vie jusqu'à leur point de rupture et de confrontation. Vivre dans cette tension continuelle renforce les tendances coléreuses et le besoin de se défendre en attaquant. La spirale peut continuer à l'infini jusqu'aux conséquences les plus extrêmes. Ceux qui croient à la réincarnation font remonter les causes de nos comportements aux vies antérieures, mais il suffirait de considérer uniquement l'existence actuelle pour expliquer la formation du karma.
Ce qu'on oublie souvent à tort, c'est que le karma peut être brûlé. « Il suffit d'un instant de compréhension pour effacer un mauvais karma ». La difficulté réside dans le fait que nous sommes habitués à identifier notre être, notre véritable Moi, avec notre personnalité, ce qui nous amène à considérer que si nous abandonnons une certaine attitude, cela signifie que nous nous annulons, ce que nous n'acceptons pas.
C'est pourquoi il arrive que des personnes malades refusent de changer et, bien que cette affirmation paraisse paradoxale, refusent de guérir.
Dans une certaine mesure, c'est compréhensible, car la maladie représente leur stratégie pour affronter le monde : c'est ce qu'ils connaissent. Pour l'abandonner, ils doivent d'abord lui construire patiemment une alternative. Les psychologues le savent bien ainsi que ceux qui vivent l'expérience d'un malade gravement atteint parmi leurs proches : pour lui, la maladie est une façon d'être au centre de l'attention et de toujours obtenir la compréhension et l'amour. En d'autres termes, un moyen de rester un éternel enfant. Le Reiki peut intervenir y compris dans ce genre de situations karmiques, mais il est clair que sa force dépend de ce que nous réussissons à faire ou voulons bien accepter. Tout est possible : la seule limite, ce sont nos propres limites et nos temps. En définitive, ce qui nous rend humains.
Les traitements Reiki sur le karma sont de deux sortes :

• Dans la première, on peut intervenir sur son propre karma ou sur celui des autres personnes en utilisant les symboles du 2e degré. S'agissant d'une chose plutôt complexe, il ne faut pas s'attendre à des résultats vite obtenus et surtout, il vaut mieux être constant et régulier dans l'administration des traitements. En auxiliaire et en complément, on peut se soumettre à des traitements mentaux qui sont d'une grande aide pour nous entraîner dans les attitudes correctes.

• La deuxième sorte d'intervention sur le karma, par contre, ne peut être pratiquée sur soi en étant seul et il faut qu'un opérateur soit là pour guider la séance. Il s'agit d'un développement de la technique pour supprimer les traumatismes, qui combine les symboles du Reiki, des respirations particulières, et les chakra. Il y a un nombre minimum de traitements à effectuer et il peut y avoir des blocages intenses au cours des séances.

Le troisième degré

DEVENIR MAÎTRE

> *« En tant que Maître Reiki, on vous demandera de vous guérir vous-même. C'est la seule bonne raison pour franchir ce pas. La guérison est un processus de découverte de la beauté de cet esprit et une façon de l'exprimer. À l'intérieur de ce processus, il y a la douleur liée au fait de se laisser aller, la douleur de la découverte, la distinction entre la douleur du « devenir » et celle de l'abus. Il n'existe pas de fin, il n'existe plus de temps lorsque vous avez fait tout ce que vous pouvez. Il peut y avoir des lieux de repos et d'intégration. Il peut y avoir un réconfort et des célébrations.*
> *Et la roue continue à tourner ».*
>
> (P. Furumoto)

Pourquoi prendre un 3e degré ?
C'est la question fondamentale que les intéressés doivent se poser. Devenir maître ne signifie rien en soi, car on ne devient pas maître grâce à une activation.
Le sérieux avec lequel certains entrent inconsciemment dans leur rôle de maître me fait vraiment rire. J'en ai vu d'autres, attirés par l'argent, qui ont transformé le Reiki en une profession : de vrais entrepreneurs, organisateurs de séminaires au niveau national !
Les participants aux cours eux-mêmes ont tendance à placer le maître sur un piédestal, en oubliant qu'il n'est lui aussi qu'un pauvre voyageur lui aussi à la recherche du chemin, qui peut tout au plus raconter ses expériences de voyage.
Le 3e degré est un très beau jeu, principalement avec soi-même : l'argent, les séminaires, le rôle de gourou, le succès, ne sont que des pièges servant à nous mettre à l'épreuve. Et à ce stade, la provocation augmente vraiment à des niveaux plus subtils qu'au 2e degré.
Avant tout, la problématique intérieure se déplace inévitablement sur le plan spirituel, qui pèse ainsi de plus en plus dans la vie quotidienne. Je regrette de décevoir les lecteurs, mais cela ne signifie pas qu'on acquiert une essence divine ou une supériorité sur les autres. Je me rappelle ce que le grand Babaji répétait : « La chose la plus importante au monde est d'être humain » ; ne transformons pas le nirvana lui-même en cauchemar !
Cela dit, le 3e degré offre des joies profondes et indescriptibles. Les moments pendant lesquels je fais les activations par exemple sont ce que j'ai éprouvé de plus beau : ils me laissent à l'intérieur un sentiment de paix et je sens qu'ils déplacent mon niveau de conscience.
Je crois que devenir maître signifie se rendre disponible pour être sollicité ultérieurement vers la croissance. L'erreur a un sens. Même le maître qui se trompe a un sens. Et si c'est justement lui que vous rencontrez sur votre route, cela signifie qu'il y a là une leçon et un don pour vous.
Par respect pour la tradition Reiki, je vous conseille seulement de vérifier que le maître Reiki choisi est en mesure de faire remonter sa lignée à un descendant de Hayashi ou de Takata.

Les organisations Reiki peuvent opérer une sélection utile, mais elles imposent parfois à leurs associés tellement de règles et de limites que j'en viens à penser que le bon grain est celui qui fuit leur emprise. Je me réfère en particulier, mais pas seulement, au problème du prix imposé pour les activations.
Je veux souligner, une fois de plus, que devenir maître ne signifie pas obtenir une profession.
Au contraire. C'est accepter de devenir serviteur du Divin. Avec humilité.

QUI PEUT RECEVOIR LE TROISIÈME DEGRÉ ?

Le 3e degré est un parcours qui dure environ un an et on pourrait presque dire qu'il est destiné à tous ceux qui résistent jusqu'au bout. Le temps est en effet un excellent conseiller pour s'éclaircir les idées et réfléchir à ses motivations.
De plus, la pratique que l'on effectue avec le maître, durant des séminaires et pendant une période aussi longue, permet de grandir et de se mettre à l'épreuve dans les situations les plus variées. Le rapport avec lui offre des occasions multiples de confrontation, car certains mécanismes caractéristiques du transfert s'amorcent et de nouvelles opportunités se créent donc de découvrir les petits pièges et les astuces de notre Ego.
Le maître apprend lui aussi de nous, ou du moins il devrait !

QUAND ?

En général, cela demande qu'un certain temps se soit écoulé depuis l'activation du 2e degré. Il n'est pas facile d'indiquer des périodes exactes car, répétons-le, il s'agit d'un parcours et aucun raccourci n'existe sur le chemin spirituel ; ou du moins, le séminaire d'un week-end où l'on achète son 3e degré n'en est pas un. L'interaction avec le maître aide de toute façon à faire le point et à établir le moment le meilleur pour le rituel.

COMMENT ?

Comme dans le Tao, le but est la Voie.
Dans toutes les fables ou les mythes antiques, le héros doit, pour grandir, entreprendre une quête, un long voyage qui le transforme obligatoirement et le rend conscient.
C'est la même chose pour le Reiki, surtout au 3e degré. Le rituel d'activation n'est qu'un moment précis, une petite étape de lumière.
Si, par la suite, on vit pleinement son rapport avec le Cosmique, c'est ce qui peut nous indiquer la route la mieux adaptée : pour certains, cela signifie organiser des séminaires et accomplir des activations, mais cela n'est pas obligatoire pour tout le monde. On trouve d'excellents thérapeutes, d'autres plus portés sur l'aspect théorique, d'autres encore intéressés principalement par le travail intérieur.
La chose fondamentale, c'est de savoir que le 3e degré n'est pas un point d'arrivée, mais un point de départ.

Autres applications du Reiki

LE TRAITEMENT DES ANIMAUX

Le meilleur enseignement sur l'utilisation du Reiki avec les animaux m'a été donné par mon chien, Argo. Disons d'abord que les animaux semblent percevoir les changements qui se font chez leur maître avec l'activation, car ils ont souvent des réactions insolites. Il ne fait aucun doute qu'ils perçoivent le moment où nous canalisons le Reiki car ils s'approchent de nous dans ces moments-là, si près qu'ils entrent dans le champ aurique et que lorsqu'ils en ont besoin, ils nous présentent la partie de leur corps qu'ils désirent faire traiter. Parmi les différentes aventures d'Argo, je me souviens que lorsqu'il s'était blessé à la queue, il s'approchait de moi en me présentant son postérieur, tandis que dans ses périodes de troubles intestinaux, il se couchait sur le dos en m'offrant son ventre. Dans tous les cas, il suffit de se laisser guider par son instinct et par l'interaction avec l'animal pour savoir quelles zones traiter : en général la partie atteinte et la tête. Mais les caresses sont aussi un excellent traitement. Les animaux comprennent tout seuls lorsqu'ils ont reçu suffisamment d'énergie et s'éloignent à ce moment-là, parfois brusquement.
En ce qui concerne les chakra des animaux, il n'existe que très peu de traités qui, de plus, comportent des lacunes ; s'agissant toujours du pauvre Argo, j'ai souvent remarqué des concentrations d'énergie à certains points précis de son corps, alignées le long de l'épine dorsale et sur la tête, tout comme les chakra, ainsi que les mêmes variations dans leur équilibrage que celles que l'on rencontre chez les êtres humains.
Lorsqu'il faut traiter des animaux de grande taille ou dangereux, on utilise les techniques à distance du 2e degré ; il faut toutefois toujours leur demander mentalement la permission d'agir et attendre leur réponse affirmative que l'on perçoit en général nettement. Les animaux peuvent aussi s'adresser à nous de manière télépathique pour nous demander l'énergie du Reiki, en s'insérant dans certains de nos traitements à distance en cours : comme pour les êtres humains, il suffit de leur communiquer le fait qu'on s'occupera d'eux dès qu'on aura terminé la séance en cours.

LE TRAITEMENT DES PLANTES

Comme tous les êtres vivants, les plantes sont sensibles à l'énergie du Reiki et, traitées régulièrement, elles deviennent plus luxuriantes et fortes.
En général, on agit sur la racine et sur la tige, en évitant les feuilles qui sont plus délicates. Les plantes en pot et les fleurs coupées sont soignées en prenant le pot ou le vase entre ses mains, tandis que les graines sont tenues dans la paume de la main avant d'être plantées.
Ceux qui possèdent le 2e degré peuvent traiter à distance les bois et les jardins.

LE TRAITEMENT DES MINÉRAUX ET DES CRISTAUX

Tous les jours, la science apporte des confirmations sur la structure vibratoire de la matière et, dans le cas des cristaux, elle est déjà capable de mesurer les variations de leur vitesse de vibration sur la base de différentes sollicitations physiques.
Les applications du Reiki interagissent concrè-

tement sur la structure du monde minéral, ce qui rend possible de charger une pierre d'énergie, de la purifier ou de canaliser ses ondes de forme. Les cristaux se sont montrés particulièrement réceptifs et il existe donc des techniques permettant de les utiliser en combinaison avec le Reiki, qui sont enseignées au 2e degré, car elles prévoient l'utilisation des symboles (voir « Les techniques avancées du deuxième degré » en page 82).
Même ceux qui ne possèdent que le 1er degré peuvent purifier et charger les pierres et les cristaux, simplement en les tenant entre leurs mains et en les traitant jusqu'à ce que les mains soient stabilisées.

LE TRAITEMENT DE LA NOURRITURE, DES OBJETS ET DES VÊTEMENTS

Lorsqu'on traite la nourriture et les boissons, on opère un chargement pranique et une expansion de leur champ de vibration. Par conséquent, on augmente les capacités nutritives des aliments et leur effet régénérant.
En utilisant les techniques avancées du 2e degré, on contribue en outre à purifier les boissons d'éventuels parasites et à atténuer l'effet des substances chimiques, malheureusement souvent présentes dans la nourriture. Les objets utilisés au quotidien ou les vêtements peuvent eux aussi être rechargés avec l'énergie du Reiki, nous permettant de cette façon de bénéficier plus longtemps de leur halo positif. En cas de blessure ou de zone douloureuse sur le corps qu'on ne peut atteindre facilement, on peut poser des bandages ou des vêtements traités : parmi toutes les matières, le coton semble être celle qui conserve le plus longtemps l'énergie pranique.

LE TRAITEMENT DES MÉDICAMENTS

Il y a des situations dans lesquelles l'urgence d'intervention ou l'état de dégénérescence existant exigent des soins se heurtant aux médecines traditionnelles. On sait toutefois que pratiquement tous les médicaments allopathiques comportent une série d'effets secondaires inévitables autant qu'indésirables.
Avec le Reiki, on parvient à briser cette onde de retour. Il suffit de tenir entre ses mains l'emballage du médicament et de le traiter en une seule fois, pendant une vingtaine de minutes, ou jusqu'à ce que les mains se soient stabilisées.
Il faut faire attention cependant avec les médicaments qui agissent sur notre corps, comme les antalgiques, les anesthésiants ou les anticoagulants, car le Reiki pourrait en réduire les effets. En outre, lorsque les malades prennent des doses très précises de médicaments, il faut avertir leur médecin traitant qu'on pratique également le Reiki, car le corps pourrait réagir autrement à la même quantité de médicaments. En ce qui concerne les remèdes naturels, par contre, comme les médicaments homéopathiques, l'aromathérapie, les fleurs de Bach, l'herboristerie, l'ayurveda, etc. le Reiki ne peut qu'en améliorer les effets.

LE REIKI ET LES DISCIPLINES THÉRAPEUTIQUES ALTERNATIVES

Comme tout parcours réellement valable, le Reiki se suffit à lui-même, au sens où pratiqué régulièrement et sérieusement, il donne des résultats sur le plan de la guérison physique comme sur le plan de l'évolution spirituelle.
Toutefois, on peut se retrouver dans des situations très différentes nous poussant à le combiner à d'autres thérapies.
Comme on l'a déjà dit, il n'y a pas de véritables contre-indications au fait de le combiner, y compris avec la médecine traditionnelle et les médicaments allopathiques.
Naturellement, le Reiki se marie mieux avec les disciplines alternatives qui ont une vision holistique de la maladie et qui prennent en considération le développement naturel et les aspects énergétiques de la personne. On obtient alors un « effet ping pong », c'est-à-dire que les différentes techniques s'améliorent mutuellement. C'est le cas, par exemple, de l'homéopathie, des fleurs de Bach, de l'aromathérapie, de l'aurasoma, de la médecine ayurvédique, de la phytothérapie, etc.
Parmi les techniques de réharmonisation par le massage, rappelons le shiatsu, la kinésiologie, la réflexologie plantaire, le massage trager et craniosacral.
Lorsque l'opérateur de ces disciplines a également des activations Reiki, il suffit en fait d'effectuer le rééquilibrage du cœur pour transmettre l'énergie vitale, sans devoir faire de traitements Reiki spécifiques. Pour celui qui reçoit, le bénéfice est naturellement renforcé.
En ce qui concerne la thérapie des cristaux, sa conjugaison avec le Reiki peut être très étroite : dès le 1er degré, on peut utiliser des pierres placées sous les mains pour se concentrer et accroître l'énergie, tandis qu'à partir du 2e degré, on peut programmer les cristaux dans différents buts.

CORRESPONDANCES ENTRE LES MALADIES OU TROUBLES ET LE MENTAL	
Maladies ou troubles	**Correspondances sur le plan psychique**
Abcès	C'est le signe qu'on retient des pensées et des émotions négatives et que leur stagnation est parvenue à la putréfaction. La zone où se manifeste l'abcès donne d'autres indications sur le conflit.
Achromatopsie	Lorsque le monde est réduit à une seule échelle de gris, on est inutilement à la recherche de réponses existentielles et du sens de l'unité, que seul le Divin peut donner.
Acné	On tente de réprimer ses propres émotions, liées à la sexualité et surtout à la peur, à la honte et au manque de confiance. On refuse inconsciemment le rapport avec l'autre et en même temps, on souhaite dépasser cette barrière. Voir aussi fig. 23.
Adénoïde	On ne se sent pas aimé mais enfermé dans une situation sans issue.
Allergie	Elle naît de la lutte et de la difficulté à accepter l'amour et la sexualité. On se sent inadapté et sans défense dans une réalité hostile. On ressent une grande susceptibilité et de la crainte face à ses propres capacités ESP. Voir aussi fig. 23. L'allergie aux antibiotiques fait exception, ce qui représente une saine réaction d'acceptation et d'affirmation de la vie.
Alopécie	La perte des cheveux par plaques signifie que l'on désire garder sous contrôle tout ce qui nous entoure. À la base de cette attitude, il y a l'insécurité et la fragilité.
Anémie	On refuse la dynamique de la vie, parce qu'on ne se sent pas en mesure de l'affronter. On est intimidé par tout et toujours sur la défensive, au point d'avoir oublié la joie.
Angine de poitrine	Il s'agit d'un conflit aigu qu'on cherche à réprimer. On s'enferme par peur et pour ne pas ressentir ses propres émotions. Souvent, cela s'accompagne de désirs de puissance de compensation.
Apoplexie	Paralysie cérébrale due à une interruption du flux sanguin. C'est une situation extrême qui naît du refus intérieur de vivre. La cause est une souffrance très profonde et prolongée.
Appendicite	Il y a un problème aigu, une forte peur qui bloque l'avancée dans le monde.
Artériosclérose	On manque de flexibilité et d'ouverture sur l'extérieur. Les domaines d'intérêt sont très limités et ne comprennent pas la spiritualité. Peu de tolérance et de compréhension envers son prochain. Tension permanente. Peur de ses émotions, y compris des positives.
Arthrite et rhumatisme	On cherche à compenser par l'hyperactivité physique la rigidité intérieure. Très têtu et obstiné, on tente d'affirmer toujours et partout son propre code moral. Tendance à se sacrifier, en réalité pour contrôler son prochain et s'assurer de son amour. On ne se sent pas suffisamment aimé, on couve même de la rancœur et de l'amertume. Le comportement est toujours très consciencieux et combatif. Voir aussi fig. 14.
Arthrose	Voir arthrite.
Asthme	Qu'il s'agisse de sentiments ou d'air, on veut trop prendre sans rien donner. Voir aussi fig. 15 et 30 à 33.
Astigmatisme	On préfère les illusions et les rêves à l'acceptation de la réalité nue. Voir fig. 7.
Autisme	Besoin d'être aimé et protégé. Peur du monde extérieur.
Bile	Il y a un problème lié à l'agressivité, qui peut être réprimée ou vécue de façon inconsciente. Les coliques servent à évacuer un peu du venin qui nous opprime. Voir aussi fig. 16.
Bosse	La vie plie pour enseigner l'humilité et comment vivre sans rage.
Boulimie	On déteste son aspect physique et on n'accepte pas non plus sa propre sensibilité. Autopunition et sentiment de culpabilité. Besoin désespéré d'amour et incapacité d'exprimer ses sentiments.

Maladies ou troubles	Correspondances sur le plan psychique
Bronchites	Conflit aigu, rage, troubles, situations opprimantes, en particulier dans le milieu familial. La toux sert à éloigner quelque chose ou quelqu'un et à s'en libérer. Voir fig. 15.
Brûlures	Intérieurement, on ressent un profond désir de vie qui, réprimé, éclate en rage impulsive, ce qui nous empêche d'évaluer correctement le danger.
Calculs biliaires	Les problèmes de la bile sont amplifiés : en plus de l'agressivité, il y a l'amertume et la souffrance. On est enchaîné au passé. Voir fig. 16.
Calculs rénaux	L'agressivité concerne dans ce cas les rapports avec le partenaire et, plus généralement, les relations interpersonnelles. Voir aussi fig. 36 et 37.
Cancer	Voir tumeur.
Candidose	Dans les relations personnelles, on demande beaucoup aux autres, mais on ne se fie pas à eux et on vit mal tous les rapports. Il y a une confusion mentale et de la nervosité car on ne trouve pas d'issue.
Cataracte	Les yeux se voilent pour ne pas voir le futur, ni les souffrances du passé. Voir aussi fig. 7 et 11.
Cécité	On ne veut pas voir et on s'oblige à l'introspection. Voir aussi fig. 7 et 11.
Cellulite	Rage et tensions, parfois pour des situations infantiles, qui sont déchargées sur soi.
Céphalée	Elle nait de la trop grande tension et des préoccupations. Voir aussi fig. 8 et 11.
Champignons	Le passé continue à influencer le présent par ses blessures et ses conditionnements. On se sent bloqué et les maigres tentatives de réaction semblent nous embrouiller encore plus.
Cheveux	Comme pour Samson, les cheveux sont notre force et notre vigueur. Leur aspect reflète notre façon de vivre et le courage d'être nous-mêmes. Voir aussi fig. 10.
Cholestérol	Voir artériosclérose.
Cirrhose hépatique	Problèmes au foie portés vers l'extérieur. Voir aussi fig. 16.
Cœur	Problèmes émotifs et affectifs, manque de joie et de confiance en la vie. Voir fig. 23.
Coliques	Ce sont des spasmes par lesquels nous tentons de rejeter quelque chose de dépasser, auquel nous sommes encore liés d'une certaine manière. Les douleurs des coliques sont le reflet de la tension intime et du fait que l'on s'accroche à son passé.
Colite	L'éducation familiale a été répressive, n'accordant que peu de concessions à l'affectif. On a grandi avec une certaine peur d'être pleinement soi-même. On joue un rôle, destiné à obtenir l'approbation de soi et surtout des autres ; on ne s'accepte pas. Voir aussi fig. 20.
Collapsus	Face aux difficultés de la vie et à la nécessité de prendre une position, un beau collapsus permet de s'éloigner des responsabilités, sans oublier que la nouvelle faiblesse devient un instrument de pouvoir, car elle oblige les autres à nous aider. Voir aussi fig. 23.
Commotion cérébrale	Tout le système lourd est mis hors d'usage ; c'est un avertissement sévère que la vieille façon de penser ne peut être conservée plus longtemps. Voir aussi fig. 11 et 12.
Conjonctivite	Comme toutes les inflammations, c'est le symptôme d'un conflit à propos de quelque chose que l'on ne veut pas voir. Les yeux doivent rester fermés pour chercher la réponse à l'intérieur. Voir aussi fig. 7 et 11.
Constipation	On veut vraiment tout retenir ! Désir de possession, manque de générosité, difficulté d'aimer. Voir aussi fig. 20.
Contusions	Mauvaise évaluation des obstacles. Autopunition.

Maladies ou troubles	Correspondances sur le plan psychique
Convulsions	Peur des différentes dimensions mentales, tant de celles les plus instinctives, que de celles spirituelles.
Cors	On tend à retenir le passé par peur du changement et on a des schémas spirituels rigides.
Crampes	La crampe indique une forte tension et des traits excessifs de la personnalité. La façon d'agir est désordonnée et on est trop attaché aux choses et aux situations.
Croûtes de lait	L'enfant se sent négligé par sa mère au niveau émotionnel ou bien il sent sa mère distante.
Cystite	La liberté manque pour être soi-même et on vit sous pression. On ne parvient pas à se libérer de ce qui nous conditionne, y compris parce qu'on projette sur les autres ses propres sensations. On s'agrippe à la peur et au passé. Lorsqu'une faiblesse de la vessie apparaît, les tensions se déplacent vers le bas et la diurèse est utilisée en tant que défouloir. Dans tous les cas, on n'accepte pas que la vie suive son cours. Voir aussi fig. 19.
Démangeaisons	C'est un rappel insistant et fastidieux pour analyser quelque chose qui stimule et dérange intérieurement.
Dents	Avec les dents, on défend sa place dans la vie, on affirme sa personnalité. Si elles sont mal plantées ou manquantes, cela signifie que l'on ne parvient pas à dire et faire ce qu'on veut et qu'on se réprime par peur de perdre l'amour et la reconnaissance de quelqu'un.
Dépression	Rage masquée sous le masque de victime. Rigidité et inflexibilité ; on n'accepte ni soi-même, ni la vie, ni les autres. Peu de foi envers le monde spirituel. Malgré le fait de demander de l'aide, la plupart du temps on ne veut pas changer car on croit avoir raison.
Dermatite	Voir peau.
Diabète	On ne parvient pas à vivre l'amour qui est offert, on devient donc acide et insatisfait. Il y a une grande nostalgie pour l'amour et la joie. Voir aussi fig. 17.
Dialyse	Graves problèmes rénaux. Voir aussi fig. 36 et 37.
Diarrhées	En phase aiguë ou chronique, la diarrhée est liée à la peur du neuf et du changement. C'est aussi une façon de décharger le passé et de s'alléger des stimulations trop grandes que l'on ne réussit pas à absorber : c'est le cas typique de la diarrhée du voyageur. Voir aussi fig. 20.
Dos	Sa forme indique le type de personnalité. Étant notre soutien, c'est là que se manifestent les responsabilités que nous ne pouvons porter et les carences qui nous plient, tant affectives que matérielles. La partie du dos touchée ainsi que le chakra qui en dépend donnent des indications supplémentaires.
Dyslexie	Difficulté à concilier la partie rationnelle et la partie intuitive. On vit trop dans le monde affectif et sensible et, d'une certaine façon, on refuse l'insertion dans la réalité.
Dysménorrhée	Refus de sa propre partie féminine, tant au niveau sexuel que maternel.
Dystrophie musculaire	Refus de grandir et de continuer à vivre. On ne trouve pas de motivations ni de force pour poursuivre ses propres objectifs.
Eczéma	C'est le signe de la retenue inconsciente d'émotions que l'on ne peut tolérer. Voir fig. 23.
Embolie	On est trop paresseux et lié à la tranquillité. Il n'y a plus de mouvement vital, même l'esprit devient paresseux.
Emphysème	Voir fig. 30 à 33.
Endométrite	On est trop perfectionniste et hypercritique avec soi-même et les autres. La féminité est frustrée et on ne s'accepte pas en tant que femme. La sexualité n'est pas non plus satisfaisante.

Maladies ou troubles	Correspondances sur le plan psychique
Énurésie nocturne	Comme les larmes, elle sert à libérer des tensions accumulées.
Épilepsie	La vie est ressentie comme une violence et on ne se sent pas en mesure de l'affronter et donc on la subit. L'agressivité que l'on voudrait manifester envers l'extérieur explose parce qu'on ne sait pas comment la faire sortir.
Estomac	Voir fig. 18.
Fibrome	La figure maternelle a été, et est toujours, conflictuelle car on vit mal son propre rôle de mère. On a reçu peu d'affection de sa mère et les problèmes qui en ont découlé ont émoussé la créativité et la capacité de mener à bien ses propres idées.
Fièvres	Souvent le plexus solaire est congestionné par la rage et une sensation de suffocation de la personnalité.
Flatulences	On a absorbé quelque chose de négatif, que l'on ne veut pas ou ne peut pas accepter : dans l'effort pour l'assimiler, on engloutit de l'air. La solution est d'apprendre à dire non.
Fractures osseuses	On est arrivé à la fin d'une phase de la vie, il faut passer à autre chose et on ne veut pas le comprendre. La leçon à apprendre est de devenir flexible et humble, sinon on peut se briser. Voir aussi fig. 21.
Furoncles	Effort intérieur pour communiquer à l'extérieur ses propres émotions et congestion à cause de la difficulté à les exprimer.
Gastrite	La vie provoque et stimule beaucoup mais on n'est pas en mesure de soutenir cette confrontation et on a la nostalgie de la protection et de l'amour maternel. Les responsabilités et les limitations imposées par les autres créent une agressivité qui n'est pas vécue consciemment. On réprime ses propres émotions en déchargeant leur énergie dans l'estomac. Voir fig. 18.
Gencives	Elles se trouvent à la base de notre capacité d'auto-affirmation dans le monde. Lorsqu'elles saignent, on se sent faible, vulnérable et on ne s'aime pas suffisamment et on a besoin de l'acceptation des autres. Les gingivites sont des symptômes de la difficulté de poursuivre ses objectifs et d'honorer ses décisions.
Genoux	Ici se reflètent l'humilité et le courage. Les problèmes de genoux sont le signe d'une forte peur et d'un besoin d'aide. Voir aussi fig. 21.
Glandes	Entassement mental des pensées et des propositions, en particulier parce qu'on ne se décide pas à agir et à mettre en pratique ses idées.
Glaucome	Trop de souffrance sans pouvoir verser de larmes ! On s'est enfermé et on ne voit plus la multiplicité de la vie. Voir fig. 7.
Gorge	Difficulté à communiquer. On a peur de l'impact que ce que nous dirions pourrait avoir. C'est pourquoi on se retient de parler. Rage intérieure. Voir fig. 13.
Goutte	Autoritarisme, rigidité, impatience. On voudrait dominer la vie.
Grincer des dents la nuit	Il y a beaucoup d'agressivité et tout autant d'impuissance. D'un côté, le grincement de dents sert à les émousser et donc à nier l'agressivité, de l'autre il compense le désir diurne de mordre.
Grippe	On a besoin de paix et de tranquillité, à l'abri de tous et de tout. On sent qu'il faut fuir les influences extérieures, mais on ne veut pas l'accepter, ni comprendre que le poids de la situation qu'on est en train de vivre est devenu trop lourd pour nous. Voir fig. 30 à 33.
Hanche	La rigidité de la hanche indique que l'on ne sait plus choisir parmi les secteurs importants de sa propre vie. On n'est pas disposé à remettre en cause ses propres certitudes et on a peur du futur. Voir aussi fig. 19 et 20.

Maladies ou troubles	Correspondances sur le plan psychique
Hémophilie	Il manque l'amour et la vie n'a plus de sens.
Hémorroïdes	Stress et agitation dans le rapport avec le quotidien et les choses matérielles. On se refuse à oublier ce qui a fait souffrir et on éprouve une vague sensation d'oppression. Bien que chaque nouvelle difficulté de la vie aiguise à nouveau le problème, on ne parvient pas (ou on ne veut pas) à se libérer. Voir aussi fig. 20.
Hépatite	Le conflit devient aigu et on ne réussit pas à métaboliser la rage et l'excès d'esprit critique. Y compris envers soi-même. Le désir de perfection a amené le sens unique et la présomption, mais en même temps on veut se libérer du vieux mode de fonctionnement et aller vers un nouveau départ. Voir aussi fig. 16.
Hernie	La signification dépend de la partie du dos concernée et du chakra intéressé. En général, il s'agit de stress psychique face à une situation qu'on ne sait pas comment affronter, ce qui fait que les énergies vitales ne sont jamais dirigées.
Herpès labial	Ce qu'on voudrait dire a été gardé trop longtemps, en nous occasionnant encore plus de rage et de rancœur. Par crainte de perdre le consentement d'autrui, on évite d'accuser et on se punit.
Hypertension	Voir fig. 23.
Hypoacousie	On ne veut rien écouter, signe de rigidité à se remettre en cause. Voir fig. 9.
Hypocondrie	Très fort besoin d'attirer l'attention sur soi et d'être accepté par les autres.
Hypotension	Voir fig. 23.
Infarctus	Le cœur est durci par les difficultés de la vie et à la fin il éclate pour libérer les tensions accumulées trop fortes. Voir fig. 23.
Infections	Toute infection signale un conflit qui affaiblit nos défenses immunitaires. Voir fig. 23.
Inflammation du col de l'utérus	On n'accepte pas sa sexualité et on nourrit haine et rancœur envers l'autre sexe. On n'oublie pas la douleur causée par la fin d'une histoire terminée.
Jaunisse	L'équilibre est perdu ; il y a trop d'intolérance et de critiques, ce qui fait vivre dans l'amertume et la rancœur.
Kyste	Vieille rancœur, qui au lieu d'avoir été digérée et exprimée, est retenue si longtemps qu'elle engendre du pus. La partie du corps frappée donne des informations supplémentaires.
Laryngite	On craint de rencontrer des oppositions si on exprime son opinion, aussi on préfère s'interdire de communiquer. Voir fig. 13.
Leucémie	Chute de la force vitale, absence de joie et de raisons de vivre.
Ligaments	Déchirures, inflammations, distorsions : chercher à oublier sa propre insatisfaction et la difficulté à réaliser ses désirs. La zone touchée donne des indications supplémentaires.
Lombalgie	Problèmes financiers et de travail ; surcharge de responsabilités et préoccupations pour le futur. On se sent inadapté et on a besoin de paix et de tranquillité.
Mâchoires	Désir d'imposer sa façon de voir et de vivre. Pensées de vengeance.
Mains	Lorsque les mains se bloquent, cela signifie qu'on ne veut pas agir, ni participer à une certaine situation. La main droite concerne la sphère sociale, le rationnel et le travail ; la gauche le monde affectif.
Mal de voiture, de mer, de l'air, etc.	Méfiance extrême, peur de se laisser aller et crainte de perdre le contrôle de la situation, les nausées indiquant le refus de nouvelles situations.

Maladies ou troubles	Correspondances sur le plan psychique
Manque d'appétit	Crainte de participer au mouvement de la vie et à ses nouveautés.
Mauvaise haleine	Les pensées sont complètement négatives et pleines de rage et on respire et digère mal. Intérieurement, on est bloqué dans une situation stagnante, qui nous fait souffrir mais dont on ne parvient pas à se libérer.
Menstruations	Si elles sont douloureuses, on vit en opposition avec sa féminité et sa sexualité. Le désir de s'affirmer dépasse les exigences affectives. On ne s'aime pas beaucoup. Voir fig. 19.
Migraine	On s'oppose au flux de la vie et aux impulsions de type sexuel. Voir fig. 8.
Myopie	On ne veut pas regarder devant soi, souvent par peur. Voir fig. 7 et 11.
Nausée	Refus d'une situation ou d'une personne.
Néphrite	À la suite de changements dans les rapports interpersonnels, on se sent incapable d'affronter la réalité. Infantilisme. Nécessité d'élaborer de nouvelles stratégies de relation.
Nez	Problèmes dans nos rapports avec l'extérieur. Lorsqu'il est bouché, par la sinusite par exemple, on est en colère après quelqu'un auquel on est lié affectivement ; s'il se bouche quand on pleure, c'est parce que nous réprimons des larmes. La goutte au nez est une forme de larme soumise et de demande d'aide et de protection. Les saignements indiquent le besoin de se retrouver au centre de l'attention et de sentir accepter. La narine droite indique que c'est la sphère rationnelle qui est impliquée, celle de l'action ; tandis que la gauche implique la sensibilité et l'intuition.
Nuque	Entêtement et obstination. Refus de considérer les différents aspects d'une situation. Voir fig. 10.
Obésité	La graisse est utilisée comme un bouclier offensif contre les autres et le monde. On essaye d'éloigner l'autre sexe en particulier. Le véritable moi est gardé secret parce qu'on craint de ne pas être accepté socialement.
Oreilles	On ne veut pas écouter les conseils et les sollicitations de ceux qui nous sont proches. Voir fig. 9.
Orgelet	Rage qui nous renferme sur nous-mêmes. Voir fig. 7.
Ostéoporose	On a vécu une vie difficile et maintenant on se sent incertain, avec peu d'appuis intérieurs et extérieurs. On cherche à ne pas montrer ses faiblesses et on éprouve de la rancœur parce qu'on se sent incompris.
Ovaires	La créativité est bloquée par des motivations externes ou internes. La capacité de prendre des décisions est affaiblie. Peu d'enthousiasme pour ce qu'on fait.
Pancréatite	Voir fig. 17.
Paralysie	La peur et le choc nous poussent à fuir nos responsabilités et le monde extérieur. Besoin d'attention affectueuse. Peu d'intérêt pour le monde spirituel et peu de flexibilité intérieure.
Parkinson (maladie de)	On a tenté longtemps de contrôler tout et tous, sans y parvenir. Maintenant, on est insatisfait et déçu, et, en même temps, les émotions tellement réprimées reprennent le dessus.
Peau	Notre type de personnalité se reflète sur la peau. Si elle est souvent rêche, elle indique une sensibilité simple et linéaire, etc. Les blessures, les inflammations, les éruptions cutanées sont des signes d'un conflit intérieur qui tente de se manifester, ainsi que du désir de briser les limites de son moi pour s'ouvrir à l'extérieur. Voir fig. 23.
Péritonite	Répression de la sphère sexuelle, avec un sentiment de faute qui débouche sur un conflit aigu.

Maladies ou troubles	**Correspondances sur le plan psychique**
Pieds	Peur du futur, mauvaise évaluation des obstacles de la vie. Besoin de repos.
Pneumonie	Souvent à la suite de souffrances dans la sphère émotive avec un repliement consécutif sur soi-même. Castration de sa propre liberté et autonomie, difficulté à donner. Voir aussi fig. 30 à 33.
Polypes dans la gorge	Difficultés familiales : on ne se sent pas suffisamment accepté.
Presbytie	On se perd dans les petits détails de la vie. Voir fig. 7.
Prolapsus	Après une vie consacrée aux autres, pour obtenir leur amour, on se retrouve fatigué, sous pression et en même temps bloqué par des rigidités intérieures. On a l'impression que les autres ne nous aident pas, même au niveau émotionnel.
Prostate	Peur de la vieillesse et des renoncements qu'elle comporte. Pessimisme et erreurs de jugement. Perte des objectifs et des idéaux. Sentiment de faute à caractère sexuel. Voir fig. 19.
Prothèses dentaires	La vitalité et la force d'affirmation représentées par les dents sont simulées par des prothèses. En réalité, des responsabilités trop lourdes ont été assumées, en se conformant à ce que les autres attendaient de soi. Manque de courage dans l'affirmation de ce qu'on souhaiterait réellement.
Psoriasis	Il représente une cuirasse pour se défendre de la peur d'être blessé au niveau émotionnel et en même temps le désir de la détruire.
Rachitisme	Un soutien intérieur de l'affectivité a manqué dans l'enfance et à l'âge adulte. On cherche la protection, quelqu'un qui prenne soin de nous et étanche notre soif d'amour.
Reins	Comme tous les organes doubles, les reins concernent nos rapports avec les autres, en particulier avec notre partenaire dans le couple. Ils souffrent en majorité à la suite d'un changement de vie ou de relation. Voir fig. 36 et 37.
Rhume	On a besoin d'exclure le monde extérieur pendant quelque temps pour se recueillir en soi-même. Les écoulements représentent les stagnations intérieures à expulser pour se débarrasser des conflits. Voir fig. 30 à 33.
Sang	Manque de force vitale et de joie. Pensées négatives. Perte d'enthousiasme. Lorsqu'il s'agit de la circulation, il y a des blocages expressifs de l'émotion.
Sciatique	Peur liée à l'insécurité matérielle, à l'argent et aux biens. Inflexibilité et perfectionnisme.
Sclérose multiple	Trop d'inflexibilité et trop d'efforts pour tout garder sous contrôle avec une volonté de fer. Il peut aussi s'agir du type d'éducation reçue : le résultat est le même cœur fermé, se désintéressant de l'esprit.
Sein	Attitude hyperprotectrice : on se projette trop sur la famille, au détriment de soi. Aimer comme une mère et être protecteur ne signifient pas imposer aux autres sa propre vision du bonheur.
Sida	On ne se sent pas suffisamment armé et, au fond, on se sent exclu. Autopunition. Inadaptation à la réalité. Problématiques de type sexuel et sentiment de faute.
Sinusite	On est terriblement irrité par quelqu'un de proche.
Strabisme	Vision déformée de la réalité, trop unilatérale. Voir fig. 7.
Surdité	Isolement, obstination, invitation à l'écoute de la voix intérieure. Voir fig. 9.
Surrénales	On se sent faible, bien qu'on se connaisse comme un lutteur, on s'abat maintenant pour un rien et on se donne pour vaincu. Voir fig. 36 et 37.

Maladies ou troubles	Correspondances sur le plan psychique
Tachycardie	Rupture de l'équilibre intérieur. Il faut identifier la cause du trouble et l'intégrer dans l'inconscient. Voir fig. 23.
Thrombose	Rigidité intérieure, peu d'intérêt pour la vie, grande fatigue, sentiment d'incapacité et de faiblesse.
Thyroïde	On se sent trahi et humilié par la vie. On ne voit pas de possibilité de se réaliser. La rage est gardée à l'intérieur. On ne parvient pas à exprimer sa douleur ni à demander l'amour dont on aurait besoin par crainte des conséquences de ces mots. Voir fig. 13.
Torticolis	Il y a beaucoup d'incertitudes intérieures, surtout dans des situations qui nous tiennent particulièrement à cœur. La tête se tord pour ne pas regarder la réalité en face. Jugement unilatéral et fermeture mentale.
Toux	Il faut faire sentir et éloigner celui qui nous opprime. Mélancolie.
Tuberculose	Les problèmes des poumons indiquent le conflit entre le moi et la réalité et le manque d'équilibre entre le donner et le prendre. Dans la tuberculose, le problème est porté à l'extrême. Voir fig. 30 à 33.
Tumeur	Sentiment oppressant de solitude. Le cancer naît souvent à la suite de la perte d'un être cher ou d'un abandon qui plonge dans la peine ; c'est presque un acte d'amour perverti, qui amène à recréer matériellement, à l'intérieur de soi, un ersatz de la personne disparue, la tumeur justement. Grande peur d'affronter le monde seul et en même temps trop grande fermeture en soi. On cultive l'illusion de pouvoir s'en sortir seul, en excluant le monde extérieur. On surévalue son propre moi dans la tentative extrême de vaincre la mort. Le siège de la tumeur donne des indications supplémentaires.
Tumeur cérébrale	On demande à changer absolument sa façon de penser, car on se déplace vers son être véritable. Il est nécessaire de retrouver et de suivre le flux de la vie. Voir fig. 11 et 12.
Ulcère	Gastrique ou du duodénum, il est l'agressivité non exprimée tellement grande qu'elle se retourne contre soi. Voir fig. 18.
Vaginisme	Peur et rage liées à la sexualité. Rancœur et refus inconscient de l'homme.
Varicelle	Milieu et situation énervent mais on ne peut les fuir.
Varices	Le travail et les obligations quotidiennes sont accomplis de mauvaise grâce et sans conviction. Il en découle une lourdeur et des pensées négatives. Sentiment qu'il manque un soutien pour pouvoir réagir.
Veines variqueuses	On vit une situation stagnante intolérable, qui fait souffrir. Manque d'affection.
Vitiligo	Agressivité réprimée pour conserver de bons rapports avec les autres. Sentiment de non-appartenance au groupe dans lequel on vit, car on n'autorise pas le vrai moi à s'exprimer. Peur de perdre le contrôle de la situation. Désir nié par la spiritualité.
Vomissements	Refus de quelque chose qu'on ne peut pas accepter. Y compris durant la grossesse, ils montrent une difficulté à accepter la semence masculine ou sa propre féminité.
Yeux	On ne veut pas voir la réalité. Invitation à scruter son âme. Voir fig. 7 et 11.
Zona	C'est l'éclatement après une longue période d'incertitude et d'indécision qui a provoqué beaucoup de tensions intérieures : d'autre part, on a encore peur des changements. On ne supporte personne, ni les situations dans lesquelles on doit vivre. On ne voit pas la fin du tunnel, alors on s'accuse et on se punit. Voir aussi fig. 23.

À LIRE ÉGALEMENT AUX ÉDITIONS DE VECCHI

JOLLY (L.), *Le Do In Hara*, 1997.

REDINI (S.), *Les Mantra*, 1997.

SACCHI (F.), *Cours complet de yoga*, 1992.

SURYANARA (G.), *Soignez-vous par la médecine ayurvédique*, 1996.

TABISH GRIZIOTTI BASEVI, *Le Reiki*, 1997.

VATRINI (M.), *Cours de Shiatsu*, 1992.

Achevé d'imprimer
en mars 1998
à Milan, Italie, sur les presses
de Ingraf s.r.l.

Dépôt légal : mars 1998
Numéro d'éditeur : 5302